JN133639

誰かが私をきらいでも

はじめに　たとえ今が生きづらくても

いろんなところで目にする、生きづらいって言葉を。

迷ったり悩んだり足掻いたりする以前の、もっと曖昧な「ここは自分のいる場所ではないんじゃないか」という思い。そして「生きていてもいいのか」という疑問。

何かが足りなくて、何かがはみ出して、世の中をうまく泳げないでいる。そんな人たちが多い。

私もかつて生きづらさを抱えた人間のひとりだった。それこそ息をするのも苦しかった時期がある。人を傷つけ、同時に自分も傷つき、そして血を流している身をほじくるみたいに私は詞を綴り続けた。少しずつ傷が癒えても、そのかさぶたをまた爪で剝がし、とことんまで自分を抉《えぐ》り出す。そんなことばかり繰り返してきたような気がする。それが生きづらさと闘う自分で、かつ生きていることの証しだった。

いつからだろう、ちゃんと息ができるようになったのは。

ガラスのように繊細で、ナイフのように尖っていた少女は、時が経つうちに、生きにくいも生きやすいもクソもねえ、とにかく自分を生きていくだけなんだよと腹をくくったおばさんに進化した。おばさんになればなるほど楽になる。増加する体脂肪と反比例して、心はどんどん軽くなるのだ。

そして、ふと立ち止まって考えたあるときに、そのしんどさはたぶん「人にきらわれるのが怖い」という気持ちから来ているのではないかと気づいた。

誰だって人に好かれたいし評価されたい。それ以上にきらわれるのはイヤだ。かと言って、きらわれずに済むように適当に人に媚びて、嘘でもいいから口当たりのいい言葉を言って、うまく付き合っていくなんてなかなか難しい。どんな人にでも「自我」があるから。

でもね。これもまたあるときに気づいた。

自分が100人の人（学校に例えると3クラス分くらい）を全員同じように好きになることができないように、100人全員に好かれることはできない。もし誰にもきらわれない人がいるなら、それはみんなに好かれているということではなくて「興味を持たれていない」ことなんじゃないだろうか、と。

１００人の中には敵がいる。でもきっと味方もいる。

きらわれることの恐怖感から抜け出せたら、何となくだろうけど、世界は変わり始めると思う。そのきっかけがどこにあるのか、私自身も具体的にこうだったということを思い出せない。ただ、いくつものさりげない出来事を重ねて今に至っているのだろう。

人生は決して楽ばかりではない。だけど言い換えれば、そのしんどさ自体が生きている証拠でもある。悲しみがあるから喜びの値打ちがわかるように。人生はいつだってプラスとマイナスの両方でできている。おばさんになった私は、そう実感している。

大丈夫だよ、生きていていいんだよ。

あの頃の自分にそう言ってあげたいがために、私はこれを記したのかもしれない。そして、誰かの心の小さなトゲを、たとえひとつでもいい、抜いてあげることができたなら、それもまた私にとって今まで生きてきた意味だとも思える。

及川眠子

目次

第二章「恋愛」で疲れたときの大事なお話

第一章 「人生」が楽になる大事なお話

きらわれることを恐れなければ、気持ちは楽になる

まずこの本を手にした皆さんに質問です。

いい人、みんなに好かれる人になって、その先に何があると思いますか?

もし、いい人、みんなに好かれる人になったとしても、その先には何もありません。何かあるとすれば、あなたの薄っぺらい自尊心が満足するだけ。少々キツイ言い方かもしれないけど、これが本当のところ。

そしてみんなに好かれたいと思って振る舞う人って、印象が薄くなるものなの。人に合わせようとするから、個性も何もないように見えてしまう。そんな当たり障りのない、誰かに合わせたつまらない話しかできない人と友達になりたい、という人はあまりいないはずだよね。

誰からも好かれたい、誰にもきらわれたくないという一心で接し続けていると、結局誰にも「興味を持たれない人」になってしまうの。自尊心が満足するどころか、ズタズタになりかねないよ。

それはきらわれるよりもツラいこと。あなたの存在意義を認められないことと同じだから。
そういう人は、他人にきらわれたとしてもダメージを受けないでいられる、ということが理解できないんだろうね。

必死で媚びたり、ご機嫌を取ったり、きらわれないために嘘をついたり……そんなことをやめて、自分の好きに発言したり、思ったとおりに行動しようと決めたら、途端に気持ちは楽になる。人にきらわれてもいいと思えた瞬間、心はとても軽くなるのだ。

自分に正直になることができたら、あなたをきらう人もいるけれど、同時にあなたのことが好きで、味方になってくれる人たちが必ず現れる。それが「自分が存在する」ということなの。

もちろん誰だって損得を考えている部分はあるから、時には騙されたり、裏切られたり、挫折することもあって当然。むしろ生涯で一度も騙されない、挫折しないことほどつまらないことはない、と私は思う。たとえ強がりと言われようとね。

誰からも好かれたい、誰にもきらわれたくない、という「あなたを束縛するもの」から抜け出せば、きっと人生は変わるはず。

自分が好きな「自分」であればいい

「きらわれたっていいじゃない」とアドバイスをすると、「じゃあどうしたらいいですか？」と訊かれることが多い。確かにこれまで「きらわれたくない」と思っていた人が、いきなり「きらわれたっていい」と思うのは難しいことだよね。

そう思うために一番簡単なのは「自分が好きな自分であればいい」ということ。あなたは自分のことが好き？　今の自分を愛せる？　まずはそこから始めてみてほしい。

私が30代の初めに模索した理想の自分は「これから先の未来、どんなときでも、振り返ったときに〝潔い自分〟がいる」ということだった。その思いは今も同じで、常に潔い自分でいることを目指してる。

実は私の本質って暗くてウジウジしていて、かなりの粘着質。だから情念系の詞を書くのは得意だし、それは書いたものにも表れていると思う。ヒットした『残酷な天使のテーゼ』も『魂のルフラン』も、よく読めば実はとても暗い詞。

だからこそ「潔い自分」でいたいと思った。自分の本質と逆のものを理想としてきたの。

でも人間の本質なんてそうそう変えられるものじゃない。むしろ「どう演じるか」が大事になる。

私が『東京』など多くの詞を書いた歌手のやしきたかじん。彼は毒舌で乱暴者で、無頼な振る舞いをしていた。それを見ていた人たちはみんな「あんなに強くてカッコいい人ってない」と言うんだけど、私は「ひどく繊細で小心な人」としか思えないわけ。

そう思ったのは、たかじんがすごい深爪だったせい。彼はいつも爪を噛んでいたんだけど、それだけで気が小さくて神経質な人なんだなってわかる。そういう欠片《かけら》が見て取れるわけよ。

一度たかじんに「なんでそんなふうに振る舞うの？」と訊いたことがある。すると彼は「世間がそういう自分を求めてるから」と言った。それを聞いて、私は「この人しんどいだろうなぁ」と思った。でも本人が納得して演じているわけだし、それも芸のひとつなんだろう、とも思った。お笑い芸人さんにも多いんだよね、普段は暗い人や不機嫌な人って。だけど彼らは世間の求めるイメージを演じて、社会と自分の折り合いをつけている。それが周りが思う「私らしさ」になっていく。私らしさは自分が決めるのではなく、世間が決めるもの。だから「自分が世間からどう思われたいか？」は、「こうなりたいという自分」になればいいだけのこと。

どういう人になりたいかが具体的にイメージできない人は、誰かの真似をしてみるのもいい。尊敬する先輩でもいいし、憧れているタレントさんでもＯＫ。目標を立てれば、自分の行く道がわかりやすくなるよ。

でもいくら真似をしていても、あなたが付き合っている恋人や友達関係、学生や社会人になるといった環境の変化など、人生にはいくつも分かれ道があるし、時間が経過するうちに自分がイメージする理想像も変わっていくもの。時には迷いもがきながら、自分自身を追求していった結果が「私らしさ」になる。

今の自分について思い悩まず、とにかく自分のことを好きになって、あれこれやってみたらいい。年を取ってから若い頃の自分を思い出して「ああ、バカだったなぁ」って笑えたら、それでいいじゃない。そのくらいに考えておくと、心が楽になるよ。

「自己肯定」を人任せにしてはいけない

人からよく思われたい、みんなから好かれたいと言う人って自己肯定を他人に委ねていることがほとんど。それって誰かに「あなたはあなたのままでいいんだよ」と言ってもらうのを待っているんだよね。

でもね、そうやってあなたの全部を受け入れてくれる人を探そうとするから、自己肯定が大変になる。しかも「あなたのままでいい」と言ってもらうために、話を合わせたり、あれこれ世話を焼いたりしているでしょ？ それって自分だけではなく、他人の時間も奪っていることになる。

自己肯定なんて、自分にしかできないもの。自分が変わりたいと思うなら、変わればいい。もしかしたら「そんな君が好き」という人が現れるかもしれないしね。

自己肯定につながることをすべて他人に委ねてしまうと、誰かに「あなたのままでいい」と言ってもらっても、それ一度で満足なんてできやしないの。その先どんなことをしても、何を選んでも、「これでいい？」「私、間違ってない？」と何でもかんでも他人に確認しないといけなくなる。

それじゃいつまで経っても自分のことなんて好きになれない。「私」を愛することができるのは私。自己肯定はまずそこからです。

「きらい」は「好き」の裏返し

作家の岩井志麻子さんがインタビューで「好きの逆は嫌いではなくて『興味がない、無関心』です。私の中で嫌いというのは好きの一分野。嫌いというのは気になるということで、気に障るのは〝気にしてる〟ということじゃないですか※」と話していた。

「きらい」は「好き」の裏返しで、しかも同じグループ。好きもきらいも「興味がある」ということだから、誰かに好かれるのは当然良いことなんだけど、誰かにきらわれるのも結構嬉しいことだと思ってしまえばいい。

だけど興味がない、好きともきらいとも思えない人やものって、あなたの人生には何ら影響を及ぼさない。だからスルーしていいの。

私の書いた詞も「きらい」という人がいると「よかった！」と思う。その逆で「好き」と言ってくれる人が絶対にいるから。つまりそれだけインパクトがあるって証拠。逆に「きらい」という人がいないと、それは誰の気持ちにも引っかかってないってこと。きらわれるというのは「反応されている」ということと同じなの。

だから「きらわれる＝恐怖」と思ってはダメ。１００パーセント人に好かれることなんて絶対にない。

よく考えてみて？　どんな変な人でも、性格が悪いな、と思う人でも友達がいたりするでしょ？　人それぞれの価値観なの。否定する必要もなければ、認めてもらう必要もない。そういうものなんだ、と思えばいいだけの話。

それから、人からきらわれたくないという思いが強い人は、相手と目を合わせようとしないよね。目がキョロキョロと泳ぐの。たぶん自分に自信がないからなんだけど、そういう人こそ、まずはしっかり相手の目を見て話してみて。怖いのは最初だけ。慣れてしまえば、案外平気。しっかり目を見て話せば、相手も心を開いてくれるよ。

「自分と違うから間違ってる」と言う人がいるけど、それは「自分のほうが賢い、偉いんだ」という自己顕示欲だったり、優越感があったりするからなの。

1＋1＝10は数学的に間違ってる。これはわかりやすいよね？

でも人の生き方、考え方、物事の捉え方には正解も間違いもない。自分と同じか、違うかだけしかないから。

深夜の討論番組『朝まで生テレビ！』って、朝まで見ていても討論がまとまったことなんてほぼないと思うんだけど、それは「自分が正しい」と思っている意見の違う人たちが番組に出ているから。決して相容れることのない人たちが集まって何時間も話し合ったところで、答えや結論なんて絶対に出やしない。それは人間関係も同じこと。

「みんなでひとつのものを作る」となったら、目標に向かって妥協点を探したり、相手を説き伏せたりと、あれこれ努力しようとする。でも目標がないと、自分が間違ってるなんて誰も思っていないから、永遠に答えは出ない。ネット上の議論も、まさにこれなんだよね。

例えばある人がネットに「私はりんごが好きです」と書いたら、「私もりんご好き！」という人もいるし、「りんご好きな人と一緒にはいられない」という人もいる。ネットっていうのは「りんごが好き」ということを大っぴらに言える場で、それに対して「私はフジが好き」「青森産がオススメ」「王林も美味しいですよ」と掘り下げていく人がいる。「りんごが好き」ということは、正解でもないし間違いでもない。

そこへ「なぜ桃を食べないのか！」「バナナ好きをもっと増やしたほうがいい」「りんごを食べるヤツはバカ」「日本人ならみかんを食べるべきだ」「ブドウ生産者にもっと儲けを！」「フルーツを食べると糖分摂りすぎでデブになる」と、まったく違う意見を主張する人が絡んでくるからおかしなことになるわけ。

そういう人にかかずらって、嫌な思いをして心を削られるなんて、手間も時間も体力ももったいない。さっさとブロックするなり、ミュートするなり、自分の目に入らないようにするのが得策だよ。

※「ＬＩＴＥＲＡ」２０１５年１月１日「安倍首相のちんこちっちゃい！岩井志麻子が韓国人の愛人相手に衝撃発言！」より

「こんなにしてあげたのに」はあなたのエゴの押し付け

他人に合わせている人って、突然「私はこんなにしてあげたのに、あなたは何もしてくれない！」と逆ギレすることがある。言われたほうは相手が我慢して合わせてくれているなんて夢にも思っていないから、びっくりするんだよね。

でも「してあげた」ことは、すべて自分のエゴから出たもの。自分がしてあげたからって相手から同じことをしてもらえるわけじゃないのに、合わせているうちに我慢しきれなくなって、自分のボロが出て、演じきれなくなってしまっただけ。

きらわれたくないという人は、これを誰に対してもやっているの。

友達と出掛けた先で、本当に観たい映画はこっちだけど、「○○ちゃんが観たいものでいいよ」と言ってしまう。本当はイタリアンが食べたいのに、□□くんが中華がいいというから「私は何でもいいよ」と合わせる。そんなことをやっていたら、自分のことを好きになんてなれるわけがない。自分がないのと同じなんだから。

もちろん私にも「こんなにしてあげたのに！」とキレてしまった経験がある。

二度目の結婚相手だったトルコ人の元旦那と離婚（顚末は拙著『破婚〜18歳年下のトルコ人亭主と過ごした13年間』をお読みください）した後に付き合った男性が、とてもプライドが高い人で、そのプライドを立ててあげないと、と思って「あなたはすごいよ」なんて言ってたら、ストレスが溜まって溜まって……。

今考えると、彼のことをすごいなんて全然思ってなかったんだけど、離婚後で弱っていたし、誰かにそばにいてほしかった。そのために相手が喜びそうなことを口先だけで言ってたのね。そりゃ私だってきらわれたくないし、いいなと思う人には気を使いますよ。でもあるとき「あれ？　これって違うんじゃない？」と気がついた。

こういう場合って自分の本心を言っているわけじゃないから、こんなにしてあげたのにという思いがどんどん募っていって、ついに我慢の限界が来て、感情が高ぶって一気にワーッと出てしまう。「私はこんなにも気を使ってるのに、なぜあなたは何もしない！」という被害者意識に変化する。するともうその相手は、一緒にいて心地よい人ではなくなってしまうのよ。

もちろん相手に染まって心地よい場合もある。若いうちだとお互いに相手のことがよく見えてなくて、そのまま結婚して一緒になって、上手くいく場合も多い。

例えば熱烈な巨人ファンだったのに、結婚相手が阪神ファンだったから阪神のファンになったとか、そうやって「自分を変えてもいい」と思えるときって人生に何度かあるの。本当に心地よいと思えるなら、そして自分が折れることができるなら、変えることで楽になれる。また、それは相手への思いやりだったりもする。自分のエゴを押し通すだけが自分らしさではないからね。

寂しい、満たされない心はあなたの「原動力」になる

人に合わせてしまうのは「寂しい」という感情があるから。でもひとりでいるのって、案外寂しくないし、気楽に過ごせるもの。

恋愛感情があったり、こうしてほしいと願う人間関係があるから悩んだり、ストレスになったりする。でもひとりだと気が楽。周囲からは「寂しいでしょ？」と訊かれることがあるだろうけど、寂しさに勝つものはある。それは自由な時間であったり、振り回されるしんど

さがないこと。

人が感じている孤独感って「疎外感」なんだと思う。

自分が今いる場所の居心地が悪いから、いつも別のところを探していたりする。だけど結局どこへ行っても、誰といても、孤独感や疎外感はつきまとうもの。だからかえってひとりのほうが孤独じゃない。誰かといると、そして人が多ければ多いほど孤独感は深まってしまうものだったりするから。

ここじゃないどこかを探しているのは私の癖みたいなもので、子どものときからずっと感じている。それは今もそう。いくつになっても、誰と一緒にいても、どうにも拭いきれない孤独感を抱えたまま生きている。

そして孤独感には二種類あって、人と会って話すことなどで解消できるものと、何をしても、どうにも埋まらないものがある。

私はわりと友達が多くて、仕事でもプライベートでも誰とでもするりと仲良くなれる。だけど心の奥底に絶対に人には踏み込ませない部屋があって、その場所は外に向けて完全に閉じている。誰かを入れてしまえばきっとこの悲しみも寂しさも軽くなるとわかっていても、人がドアに触れることさえ拒絶する……それが絶対に埋まらない孤独感の正体だろうね。でもそういう場所を持っていること、さらに不安定な心が、ものを書く自分にとっての宝物なの。寂しい、満たされない心は、自分の原動力になる。マイナスをプラスに変える力になってくれる。

ものを生み出す人たちは、自分の心の中にぽっかり開いた穴や空洞があって、それを埋めるために、必死でものを書いたり、何かを作ったりしていることが多い。誰も立ち入れないほどの深い孤独感があるかどうかは、持って生まれた才能のひとつなんだと思う。孤独に耐えられない人間は、ものを作ることに向いていないしね。

私も一週間くらい誰とも会わない、誰とも話さない、という生活はざら。むしろ楽しいくらい。それは私の性格的なものに起因しているのだろうし、作詞家であることにとても必要なことだったりする。

孤独感なんて一生埋まらないもの、と受け止めていればいいのに、必死に埋めようとしてスマートフォンを凝視して、何かしらアクセスをしてつながっている。とにかくひとりになりたくない、と思うのね。この国に生まれなければよかった、この時代でなければ違う人生だったはず……なんて思うかもしれないけど、もうそれは考えたって仕方ないの。だってそこに生まれてきちゃったんだから。

いつも孤独感や疎外感を感じているなら、逆にひとりで夢中になれるものを作ればいい。一心不乱に刺繍するのでもいいし、絵を描くのもいい。そのことをやっている間は、孤独感や疎外感は感じていないはず。もちろん映画を観たり、本や漫画を読むのでもいい。ひとりで夢中になれる好きなものを見つけられたら、孤独はあなたの力に変わる。

もちろん孤独感は個人個人で違うもの。だけど「ひとり＝ダメ」ではない、悪いことじゃないということは知っておいてほしい。その基準は、ひとりでいるのを楽しめていること。また自分がその場に満足できないのは、あなたがいる場所じゃないからなのかもしれない。

だけど私は、自分がいるところに満足してしまったら、詞を書きたいということへ気持ちが向かわなくなるかもしれない、と思ったことがあった。

元旦那と結婚していたとき、最長で４週間くらいのトルコ滞在中は、洗濯をして掃除をしてご飯を作って帰りを待つ、という専業主婦のような生活をしていたんだけど、単調な生活って最初は結構充実して感じられるもの。そうすると本を読みたいとか詞を書きたい、仕事をやりたいという欲求があんまり湧かなくなる。けれどもその状況にだんだん飽きていくの。不思議なことに、人は（というより私だけかもしれないけど）穏やかな日々が続くと、心を掻き乱すようなものを欲してしまうのね。

また、本当は自分がいる居場所が間違っているのに、そこに居続けようとすることで孤独感を覚えている場合もある。そういう人は早くそこから離れて、新しい場所を見つけに行くべき。いつまでも迷っていられるほど、人生は長くないよ。

放っておくと、孤独感はどんどん深くなっていく

ひとりでいることは悪いことではないのだけれど、孤独感は放っておくと、どんどん深くなってしまうものでもある。

孤独って洞窟とか井戸みたいなもので、深いところへ行ってしまうと、上がってくるのがとても大変になる。どこかで「これ以上深いところへ行ったらやばいな」という線を引いて

おかないと、どんどん深みにハマっていくものだし、あまりに深いところへ行ってしまうと、心を病んでしまいかねない。

深いところへ行かないようにするためには、なんらかの対処法を取ること。それが私には「詞を書く」ということだった。

そういった対処法を持っていない人は、外へ出掛けて友達とお茶してみるとか、おしゃべりをするとか、大好きな本を読むとか、大きな声で歌うとか、自分の目の前にある孤独感を和らげることをしたらいい。ひとりで考えすぎて窒息状態になっていないで、とにかく何かして風穴を開けないといけない。

そう考えると、ＳＮＳってひとつの風穴かもしれない。自分が書いたこと、撮った写真などに誰かから反応があると、社会とつながってるという気持ちになれるから。もちろんネット上のことは仮想ではあるけれど、手軽にできるし、活用することもありだと思う。

ただ誰かからの悪意ある書き込みでツラい思いをしてしまう人もいるだろうね。それをどうにかしようともっと深みにハマる人もいる。長時間見続けたり、耽溺してしまったり、依存してしまう人もいる。なんでもそうなんだけど、ひとつだけにハマって、それなしでは生きていけないというレベルにまで行ってしまうと、もしそれがダメになったら、あなたのすべてがダメになる。何かしら別の選択肢を持っておかないと、孤独感の深い穴に落ちて自分が潰れていくのよ。

ひとつだけにハマってしまうという点では、子育てをしている人も同じ。どうしても閉じこもりがちになるから、公園へ行ってみるとか、実家へ帰ったり、親や友人を呼んだりして、可能だったら半日でも子どもを預けて出掛けるなどしないと、穴に落ちたままだんだんと抜け出せなくなっていく。もちろん難しいのはわかる。けれど、勇気を出してどこかへ相談へ行くなりして、どうかひとりで抱え込まないでほしい。

友達がいない人も、SNSにハマる人も、子育ても、そこだけにフォーカスして視野が狭くなると「もうダメだ」となってしまうのよね。だけど突破口っていうのは、必ずどこかにあるものなの。絶望する前に、とにかく探してみてください。他にすることがない、暇だから孤独を感じてしまうという面もあるから、朝昼晩と忙しくしてみるのもアリよ。ずっと気になっていた押し入れを大掃除してみるとか、何か別のことをしていると、考えることが止まるから。

穴はいつまで経っても穴なの。いつか塞がって、穴じゃなくなることはない。だから自分でできるだけ埋めて、必要以上に深くならないようにするしかない。

自分で自分の欠点を認められないと、今より上は目指せない

インスタ映えとかも「人によく見られたい」「よく思われたい」ということだよね。でも他人から「いいね」って思われた先にあるのは……いわゆる「インスタ疲れ」。もっといいもの、インスタ映えするもの、といくらやっても、ゴールはない。同じところをぐるぐる回ってるだけ。

「インスタ映えする自分」しかアピールしない人たちって、もしかしたら自分をきらいになる勇気が持てない人なのかもしれない。「自分のきらいなところを認める＝自分を否定する」と捉えてしまうんだろうね。

自分の嫌なところや、欠点に目をつぶったり、隠したりして、とにかく見ないようにしてる。そして人と比べて「あの人よりはマシ」「自分のほうが幸せ」と安心したりもする。で

も下ばかり見ていては成長もないし、やりたいことも見つからないよ。

自分よりも下ばかりを見るのは確かに安心。それってスヌーピーが出てくる『ピーナッツ』の登場人物ライナスが肌身離さず持っている「セーフティブランケット」のようなもの。どんなに薄汚れても、臭くなっても、他の人からしたら不潔だとしても、持っていること、執着することで安心しているだけなの。でもいつまでも持ち続けていると、世間も世界も了見も狭くなる。さらに自分よりも下ばかりを探して、下の者とだけつるもうとする。でも汚くて臭いものを持ってる人にわざわざ近寄ることはしないでしょ？

例えば合コンに誘われて「可愛い子がいるから」「イケメン来るよ」と言われて、そうだったためしってないよね？　それは自分がいい思いをしようと、見た目が同等か自分より下だと思ってる人を連れていくから。「私よりブスだ、貧乏だ、バカだ」って思ってる人なら、確かに安心すると思う。でもそういうことばかりをやってると、いずれは誰も来なくなるよね。「あいつ、嘘ばっかりじゃん」って。

だけど、もしその場にキレイな子、頭のいい子、つまり「自分よりも上」の人がいたら、「どうやってメイクしてるの？」「どこで髪切ってるの？」「どうやって勉強するの？」と訊ける。そうすると、得るものがたくさんあるよね。自分よりも下だと思っている人に、ポジティブな質問なんてしないでしょ？

「自分のここがきらい！」と認識できないと、自分を好きになることさえもできない。自分を肯定することは、後悔と反省の繰り返しからしか生まれないから。

自分のきらいな部分、コンプレックスを認めることで、自分よりも明らかに能力が高い人がいたら、その人から有益な知識、知恵、情報などを得られる。そっちのほうが絶対に得なんだよね、生きていく上で。それを活かせば、あなたも上を目指せるし、やりたいことが見つかる可能性が広がる。

私も無類の自分好きだけど、それは自分に対して自信があるというより、むしろ馬鹿さ加減も含めての自分自身を否定してない、ということ。

客観的に自分を見つめることで自分の欠点もわかってくる。素直に認めて、自分を好きになる努力をし続けると、人からきらわれても平気になるよ。

「自分には何もない」という人はどうしたらいい？

どうしても自分に自信が持てない人って「自分には何もないから」と言うんだよね。そう言う人たちにさらに私は訊いてみる。「何もないと思う前に、自分に何があるのか探したの？」と。

よくよく話を聞いてみると自己否定ばかりで、端から探そうともしていない。言い訳ばかりしている暇があるなら、自分の中身を全部ひっくり返して、血眼になって探してみるべき。人には何か人よりも優れたところ、特化したものがあるはずなの。それは何でもいい。とにかく何かひとつ見つけることで、いつかそれが自信につながっていく。自信を持つためにはどうしたらいいのかのやり方がわかるようになるの。

例えば歌の審査員をしたときに、音程が不安定で声量もない、表現力も乏しい、という参加者がいたら、あなたはその人をどう褒《ほ》めてあげる？　私なら「いい声だね」と講評する。だって100人いたら、いい声と感じるのは人によって違うもの。それは客観ではなくて私の主観だから、間違いじゃない。誰が聴いてもいい声っていうのは確かにあると思うけど、そういう美声の持ち主は少数派。声は人によって好ききらいがあるからね。

嫌なところなんて探したらいくらでも見つかる。だけど欠点ばかりの人なんていない。ミスせずに上手くやることだけを考える、失敗して恥ずかしい思いをするくらいなら最初からやらない……何もかもをネガティブに捉えていると、何もできなくなってしまうよ。

とにかく探してみる。そしてやってみる。もちろん失敗はある。でも何かひとつでも上手くいったら、それはやがてあなたの自信や力になるから。

嫉妬心や怒りを自分のエネルギーに変えられない人は不幸

アドバイスをすると、それに対して「でも」と「だって」と返す人がいる。私がうんざりして「そんなに人の意見を否定するなら、自分で決めたとおりにやれば？」と言うと、また「でも」「だって」が繰り返される。

「彼氏と別れようかと思ってる、結婚の話をしてくれないから」と言うので「別れれば？」と私が答えると「でも彼って優しいの」「だってひとりになるのは寂しいし」「でも結婚したくないと言われたわけじゃない」「だって親には会ってくれたんだよ？」と、「でも」と「だって」の応酬。

これじゃ堂々巡りになるから「じゃあ自分で彼にそう言えばいいじゃない」と言うと、「でも私から言えないい〜」みたいになる。私の意見を全面的に拒絶するわけではなく、自分の気に入らない答えだけを否定しようとするんだよね。

こういう人は甘えて、自分を肯定してほしいの。解決するつもりがないというよりも、解決してしまったら、関係性が終わってしまうと思っている。だから物事を曖昧にしておくために「でも」と「だって」という言い訳を繰り返しているだけ。

いろんな人たちを見てきて最近しみじみ思うのは、どんな世界でも成功できない人ほどすごく言い訳が多いということ。自分に対しても、他人に対しても。だけど言い訳をしたら許してもらえたり優しくしてもらえる、なんていうのは大間違い。頑張ってる人たちは、言い訳をする人たちを見捨てるものです。

また、人に対して「バカ」「恥ずかしい」「見損なった」なんて言い放つ人間は、これまで挫折も失敗もなく、ましてや人に騙されることもなく、この先も生きていけると思っているんだろうね。

人を貶《おとし》めたり引きずり下ろしたりすることで、自分が今以上に高い場所へ行けると思い込んでる人がいるけど、そんなバカな話があるわけないし、そういった考え方しかできない人は可哀想としか思えない。嫉妬心や怒りを自分のエネルギーに変えられない人は不幸。ただ、私は人に対して可哀想という感情を抱くのが嫌なので、ネガティブなパワーが強い人たちとは関わらないことにしてるけど。


一度でも誰かに手のひらを返されたり、ハシゴを外された経験のある人間が、自分は他人に対して絶対に裏切らないと決めるか、それとも自分がされたんだから人にもしていいと思うか……その違いが人間性の違いなんだよね。

傷つける側にいる人って、傷つける行為自体を面白がってるのよ。自分のほうが上だという妙な優越感を持ってる。そんなもの持ってたって、人生には何の足しにもならないのに。

人を攻撃することが得意な人は、人から攻撃されることにとても弱い。しかも何も成し遂げていない人ほど、やたら上から目線で人を小馬鹿にしたようなことを言ってくる（自分が攻撃される前に言ってるだけ)。その根源になってるのが、妬《ねた》みや僻《ひが》み。

人に対して吐いた言葉は、自分に返ってくる。人を傷つけるときは、自分も傷つく。人に向けた刃は自分にも向いているという「諸刃の剣《つるぎ》」の覚悟を持たないとダメ。

しかも傷つけたほうはすぐに忘れる。だけど傷つけられたほうはいつまでも忘れないものなの。

どこにもぶつけられない自分の思いだったり、誰にも伝えられない胸の痛みを刃にして人を傷つけるのではなく、文章や歌に変えてくれる人がひとりでも増えればと私はいつも願ってる。手のひらにある刃で自分の胸を引き裂いて、そこから溢れ出る気持ちを言葉にしていくことで救われることもあるよ。かくいう私がそうだったから。

人は他愛のないことで傷ついたり、周りからすると「なんでそんなことに?」というようなことを引きずってしまったりするもの。みんなそれぞれに違う心を持つから、ウィークポイントもそれぞれに違う。ただ、妬みや僻みからは何も生まれない。傷を舐め合う感覚も、私はきらい。

自分がどん底まで落ちたとき、たとえ世間から悪者にされたとしても、あなたの味方になってくれる人がいたかどうかが大事。その人はあなたの人気や肩書きではなく、人間性を認めたってこと。人間としてのあなたを好きだってこと。

何ゆえにここまで他人を罵倒したりきらったりできるのか、嫉妬心や羨望からなのか、怒りか、あるいは単に気に障るだけなのか……まあそんなことを考えるだけで疲れてしまうので、一切無視するしかないね。

復讐心の炎は、いずれあなたを燃やし尽くす

誰かを見返してやりたい、という復讐心だけで物事をやってはいけません。イジメたあいつを見返す、私をフッた相手に仕返しする、ということだけでやっていくと、どんどん心が荒《すさ》んで、ツラくなっていくから。

復讐心を燃やし続ける、人を恨み続けるためには膨大なエネルギーがいるものなの。だから悔しいと感じて、心を燃やすきっかけ＝火種として復讐心を使うのはアリだと思う。けど、決して人を恨み続ける力をエネルギーにしてはダメ！

もしその復讐心を向けている人やことが、あるときあなたの目の前からいなくなったらどうする？　きっと胸に残るのは虚しさだけだよ。だからいつかどこかで、復讐心から別のモチベーションへ切り替えるべき。復讐心を燃やし続けると、そこに囚われるばかりで成功できない。いつまでも恨みが続いてしまうだけ。

そして恨み続けると、視野は確実に狭くなる。ネットで誰かに粘着してるのなんてまさにそう。他に自分を救ってくれることはいくらでもあるのに、何も見えていない。自分の足元に大きな穴が開いてることさえも気づけないの。あなたが倒れないようつっかい棒になっていたものが外されたり、穴に落ちたりして行き場がなくなったら、あなたは必ず自分の復讐心に燃やし尽くされてしまいます。

物事を続けていると、スキルを上げたい、もっと売れたい、誰かの役に立ちたい、という思いが強くなっていく。やがて認められたり成功すると、自分の世界が広がる。知り合いも増える。そうすると人を恨んでいたことがとてもつまらなく思えてくる。なんでこんなことに囚われてたんだろう、と。

自分の目の前にある多くの選択肢に気づけるよう、復讐心ではなく、自分を鼓舞してくれる前向きなモチベーションを探してください。

思想の箱の中にいる人たちは「思考停止」状態

ネットでよく見かける、何かに粘着してる人って、ある特定の「思想」の箱の中にいる場合が多い。そういう人から私を見ると、ものすごい矛盾したことを言ってるように感じるみたいで、何かというとあちこちから攻撃されることがある。

私は思想でものを言ってるわけじゃなくて、自分の信念と感情と仕事の損得がいつも発言の軸にある。右も左も関係なくて、いいと思ったものは素直に認めるし、ダメだと思ったら相手にしない（絡まれたら応戦することはあるけど）。

特定の思想の箱の中にいる人たちは、その中にいる人たちの考えにぴったり合わせないといけないいんだろうね。周りの考えから1ミリのズレもなく、言ってることが首尾一貫していないとダメと言われるから、矛盾を一切受け入れられないわけ。そこには自分の意見はなくて、箱の中の協調性だけで生きてる。他人に考え方を依存しているの。

もっと言うと、思考停止をしている。

だから自分が支持している人や考えは無条件に支持して、それ以外にはガンガン攻撃する。もうほとんど条件反射みたいなもので、疑問が生まれる余地さえない。これってとても変なことなんだけど、箱の中へ取り込まれると、変だと気づくことさえできない。

女の子のグループにも「○○ちゃんが言ってるから賛成」ということがあるよね。それはグループの中で無視されたくないから、本当は自分がそう思っていなくても意見を合わせている。そこだけで成り立つ理屈とか思想とかに身を任せてるほうが安心なわけよ。

私のことをコウモリだって揶揄《やゆ》する意見が来ることもあるけど、そもそも大人って矛盾した存在なんだよ。人は自分の頭で考えると、コンピュータじゃないから絶対にいろんな迷いに囚われるものなの。好きだけどきらい、愛しいけど憎い、みたいな矛盾って必ず出てくるし、それこそが人の思考なのよ。矛盾することを怖がっていたら、意見なんて何も言えなくなってしまう。

考えるのって、とってもしんどいことなんだよね。

発言が首尾一貫している人なんていないし、考え方なんていつか変わるもの。矛盾しないためには思考停止しかない。誰かが決めてくれたことに乗っかるほうが絶対に楽なの。人の意見に合わせたり物事を決めてもらったほうが楽でいい、という人はそうしたらいい。

SNSなどは、自分が好きな人やものを選んでいるから、自分に都合のいいことだけが流れてくる。それが世界のすべてのように感じてしまうのかもしれないけど、もっと外側に目を向けたとき、さらに広大な世界があることに気づくはず。でも箱の中の人たちは窓の外の景色や空気の流れを見も感じもしないで否定してくる。しかも一方的、暴力的に。

誰もが自分は正しいと思って生きてる。でも実生活で「その意見は違うと思います！」と面と向かって言えない人が、匿名で他人に嚙みついて「自分は正しいんだ！」と必死に信じ込ませている感じが見受けられて、胸が痛くなることがある。確かに今は意見をネット上に書けば、賛同してくれる人たちがいて、拡散までしてくれて、大きな力ともなるしね。そうした変化は素晴らしいことでもあるんだけど、それを自分の力や正義だと思ってしまうのは、とても危険なこと。

思想が右に傾いてる人は、右のものばかりを読む。でも左のものも読まないと、右とは何かということはわからない。真逆のものを読まないと、自分の中で疑問が湧かない。自分が好きなもの、意見が同じもの、肯定してくれるものばかりを選んでいたら、自分を知ることはできない。だから敵をつくることを怖がってはいけないの。敵をつくれないということは、味方もつくれないということ。でも思想の箱の中の人たちは、ひとたびはみ出したら最後、壮絶に叩いてくるからね……。

こんな心の狭い箱の中の人に出会ってしまったら、一切意見には耳を貸さず、すぐに遠ざけることしかない、と私は思っている。

「自分の頭で考える」ためにはどうしたらいいのか？

世の中のことを「正しい」と「間違い」で分けてしまうなんて、ホントにつまらないなと思う。正しいもない、間違いもない、じゃあ自分ならどう考える？　というふうに探っていけば、人生はもっと面白く過ごせるんじゃないかな。

私の生き方や考え方は、おそらく他人から見たら間違いだらけ。でもその都度反省したり、修正したりして、とりあえずとことんまでは道を外さずに生きてこられている（外れたところは多々あると思うけど）。

逆に「自分は正しい！」と思い込むことのほうが、私は怖い。

基本的に、自分を誰かと比べることはしたくない。比べたって仕方ないもの。ただ「おお、すげえなぁ！」と思ったときには素直に羨むし、素直に嫉妬する。それだけ。

「自分は正しい！」と思い込んでる人の中には稀に、すごいと感じた誰かに対して、恨んだり攻撃したりすることもあるみたい。けれどそんなことをしたところで、何も生まれない。疲れるだけよ。

私は自分より稼いでる人に対して嫉妬したり羨んだりはしない。私よりも才能があるから、というふうにも捉えない。「きっと彼らは私よりもたくさん頭を下げて、イヤな思いもしているんだろう」と考える。これくらいでへこたれる私は、だからこの程度の稼ぎしかないんだ、と思えばすべてが自分の責任。

上を目指すか、下へ降りるか。何もかも自分次第。

「自分の頭で考えなさい」「自分の好きなことをやりなさい」と言われると、「どうしたらいいかわからない」と言う人がいる。「ヒントをください」って言うんだけど、私はあなたじゃないからわからない、としか言えないの。それならまだいいけど、「答えをください」と言ってくる人もいる。こうなるともうお手上げ。

「1＋1がわからないので、答えを教えてください」と言ってるのとはワケが違うの。人の思考や感情には世間一般に通用するような「法則」はない。あるのはあなたの考えや好ききらい。やりたいことは人それぞれ違うものだから、答えなんてわかるはずがないのよ。

そう言うと「私の考えなんてないんです」と返ってくる。こういう人は、考えるための基礎的な知識が頭に入ってない、要するに「空っぽ」の状態なんだよね。空っぽの頭のまま考えようとするからわからないの。

だから頭の中へ何でもかんでも詰め込めばいい。それが知識になる。本を読んだり、映画を見たり、人と話したりしてとにかく詰め込む。そういうことを続けていると「これはわかる」「これは違う」ということだったり、自分が好きなもの、きらいなものは何かが見えてくる。それが「考える」ということ。

例えてみれば、空のカゴを持ってスーパーマーケットの入り口に立ち、通りすがりの人に「今日の晩ご飯、私は何を食べるのでしょうか？」「私が欲しいものが何か、わからないんです」と言ってるのと同じこと。もしそんな人がいたら、びっくりしない？　そもそも何が食べたいのかなんてわかるはずもないし、知らない人だから興味もないでしょ？（薄気味悪いから避けたいよね）　これが「ヒントをください」という人。

通りすがりの人に「今夜ご飯を食べさせてもらえませんか？」と図々しいことを言うのが「答えをください」と言う人。全然知らない人に対して「ウチへ食べに来る？」なんて言ってくれる親切な人がそうそういるはずがない。

何もカゴの中にないのに、エスパーじゃあるまいし、あなたのことなんてわかるわけがないの。とにかく突っ立ってないで、店に入って目についたものをどんどんカゴに入れていけばいい。今日の献立は何にしようか、旬はかぼちゃとサンマか、みたいにとにかくカゴへ入れていく。米もパンも麺も調味料も入れる。そしてレジでお金を払って家に帰れば、どれをどう組み合わせるか考えればいいだけ。

そうこうやってるうちに、カレールウを手にしたら「カレーにサンマはいらないな」と一旦カゴに入れたものを戻しに行けるようになる。

買ってきたものを使わずに、冷蔵庫で腐らせてしまうこともあると思う。カゴに入れるときは「いいな」と思ったけど、使わなかったということは、どこか自分と合ってなかったことだったりする。そうやっていろんなものをカゴに入れて、ご飯を作っているとだんだん慣れてきて、献立をどう組み立てたらいいのかがわかってくる。つまりこれが「考える」ということの訓練。土台がなければ何も考えられないし、自分の好きなものさえもわからないの。

もともと人なんて、最初はみんな頭の中は空っぽ。誰もがこういうプロセスを経て、考えるようになっていくものなの。そのプロセスには無駄もたくさんある。でもその無駄は後で生きてくる。今の時代は、無駄と思ったことを端からやらない人が多いけど、とにかくやってみる。結果ダメだったら、次からは無駄なものを選ばなくなる。いいものを選ぶ目が養える。「あれは腐らせたから、今度からは買わない」という考えにつながっていく。

いくらレコメンドの数が多いとしても、それがいいもの、自分に合うものとは限らない。感性や考え方は年齢や環境でどんどん変わっていくから、後になって「買っておいてよかった」と思うものもある。だからどんなことにも無駄はないのよ。

ちなみに誰かに「ウチに食べに来たらいいよ」と誘われて、ホイホイついて行っちゃうと、アホみたいな思想に簡単に取り込まれてしまうの。「この人たちは食べさせてくれたいい人だから、全面的に信じよう」と盲信する。そして徐々に自分の考えを失っていく。自分の頭で考えなくなるの。

もちろん私は答えを出しているわけではない。あくまで「私の考えである」というのだけしか提示していないからね。私の正義はあなたの正義でもないし、私の正解はあなたの正解とは違う。自分の頭で考えないとダメだってこと。

誰も味方がいない人は、誰も好きにならない人

誰も味方がいない、と言う人がいるけど、そんなのは思い込み。あなたが本気で誰も好きになってないだけじゃない？

もしあなたのそばにいる人に何かあったとき、あなたは味方になってあげられる？　逃げてしまったり、見て見ぬふりをするなら、その人だってあなたの味方になってくれないよ。

友達がいない、ひとりぼっちと言うけれど、それはあなたが「誰かのために」という努力をしていなくて、いつでも自分のことしか考えてないから味方がいないの。

きらわれキャラを演じられる人って、同時に愛されキャラでもあるのよ。

私がそう学んだのは、トルコ人の元旦那と離婚したとき。離婚する前から耳の痛いことをガンガン言ってきていた、面倒くさくてうるさかった人が最終的には私の味方になってくれた。そういう人ほど、損得関係なく親身になってくれるものなの。いつも「いいね」なんて言ってる人ほど、何かあったときに無視を決め込む。

連絡がない、誘ってもらえないって言うけど、その人が困ってるときに連絡した？　誘われないなら、自分から誘ったら？　断られることを恐れてない？「以前に断られたから」とか言うけど、たまたま時間がなかっただけかもしれないでしょ？　自分から「一緒にお茶でもしない？」って誘えばいいだけの話。ひとりで思い悩む必要はないの。きらわれないようにしていると、かえってきらわれちゃうもの。

あなたも誰かから誘われたときに「ダメ」「無理」と言うだけではなくて、「この日はダメだけど、こっちなら空いてる」と言ってみたら？　そうやって誘ってきてくれた相手の気持

ち を考えられる人になってみて。一度くらい断られただけで傷ついてちゃダメよ。
ただ、しつこく「相手のため」をやりすぎるとエゴになって、きらわれてしまうかもしれないので、そこは気をつけて！

運は誰にでもやって来るけど、誰もが手にできるわけではない

「自分は運が悪い」と嘆く人がいるけど、運なんて誰にでも平等に回ってくるもの。でも精神的に後ろ向きであったり、ネガティブな状態だと、運を取り逃がしてしまう。

ネガティブなときって自分のことで精一杯で、外からの情報をキャッチする「心の網目」がとても粗くなってる。運をキャッチするには、心の網目を常に細かくしておく必要がある。運は自分から呼び込むこともあるけど、ほとんどは向こうから勝手にやって来るものだから。そのときに運を受けられるようになるには、日頃の訓練がないとできない。

「自分には運なんて来ない、不平等だ！」と言う人もいる。もちろん運の大小はあると思う。だけどそれもひっくるめて、運はみんなに来るもの。

パーティーなどでビンゴがあるじゃない？　私はハズレを喜ぶの。欲しくもないモツ鍋セットが当たったことで、もしかしたら何かを失ってしまってるかもしれない、こんなもんで運を使いたくない！　と思うんだよね。

また、「自分は運がいい」と思っておくのは大事なこと。そうすることで運を呼び込める。成功者だったりお金持ちだったり、とにかく自分は強運、だから上手くいったんだと思っている人は、信号がずっと青で一度も止まらないことでさえも運がいいと受け止めているそうです。

あとは運を自分から掴みに行くのも大事。「向こうの青信号も間に合わせよう！」と走っていって、やった、渡れた、運がいい、とするのもアリよ。運が悪いと思っている人は、そういう小さな良かったことを見逃しているの。

運って、いつも後から「そういや、あれが運だったんだな」って感じるもの。いきなり目の前に「私が運ですよ！」なんて来ない。だから自分に来たものは、とりあえずなんでも受け入れようとすること。でもその中で「怪しいな？」と思ったものを断ることも運なの。これは経験を重ねるほどに回避したり拒否したりできるようになります。そして「運も才能のうち」という側面もあるので、起きたことをどう捉えるか、ということも大事ね。

まともな人間は自分が売れたりしたときにはたいてい「運が良かったからです」と言う。自分は天才だからとか、人一倍努力したからとは言わない。それを真に受けて、運が良かっただけのくせして、と攻撃したり、汚い言葉で非難するような人は、その時点で自分が運を失ってることに気づかなきゃいけない。人の足を引っ張っても、あなたのところに運は回って来ないよ。他人を羨んだり妬んだりしてる暇があるなら、いつ自分のところに運が来てもいいように、スキルなり、腕なりをしっかりと磨いておくべき。

それから私は「いいことが来ると、悪いことも来る」と思ってる。だから悪いことは小出しにしておいたほうがいい。悪いことが来て「やっぱり運が悪いんだ」と思わずに、これくらいで済んでよかった、ここで悪運を使ったから後でいいことが来る、と思えばいい。

さっき仕事をする前に、せっかく淹れたコーヒーをポットごとひっくり返してしまった。でも「今日はこれで悪い運を使ったから、もうＯＫ！」と思った。そういう捉え方なの。この程度で終わってよかった、というね。

悪い出来事って印象が強いから、回数が多くなくても覚えているもの。過去の出来事と結びつけて「ジンクス」みたいに考えて、些細なことでもヘコんじゃう人がいるけど、後でいいことが来ると思っていればいいだけのことよ。

自分がブレていなければ、周りはあなたを信じてくれる

言ってることがコロコロ変わる人っているよね。あれって、単に自分が言ったことを「忘れてる」だけみたい。

以前に付き合った男性がそういうタイプで、それこそ会うたびに言うことが違う。で、人の気持ちを振り回す。黙って聞いているうちにとうとう限界が来て問い詰めてみたら「俺、そんなこと言った?」と訊き返されて、腰が抜けるほどびっくりした。「あなたは受け取り手がその言葉に対してどう思うか、想像しないの?」とまた訊いたら「考えたこともなかった」と返され、さらにびっくり。じゃあなんで毎回のように言うことが変わるのかと追い打ちをかけてみたら「そのときはそう思ったんだろうな」と言われて、ああこの人とは無理だと、別れの決定打になりました。

彼の中ではその時その時の素直な気持ちを言ってるだけだから、自分の発言がコロコロ変わってるとは全然気づいてなくて、むしろいつも正直な自分ってなんて誠実な人間だろうと信じ込んでいる。でもそれって精神的に幼いということなんだよね。相手のことを想像するっていうのは、知性がないとできないことだから。どこかで大人になり切れていないのね。

そんなふうに、思いつきでものを言う人にピッタリ合う人もいるの。言われたことをそのまま受け止めていける、もしくは他人に対して興味がない人。でも大抵は、こう言ったら相手はどう思うだろうという想像力がある人じゃないと、関係性は続かないよね。思いつきに振り回されるなんてまっぴらだろうし。

私は、自分がブレていなければ、周りの人たちは自分を信じてくれると考えている。また、言っていることがブレない人を信じたい。

自分に合わないタイプだな、というのは会って話すとなんとなくわかるもの。そういう人は遠ざければいいだけ。合わない人と一緒にいることほど、ツラいことはないからね。

「最後の逃げ場所」としての自殺という選択肢について

私は「自殺」を否定しない。死ぬことは絶対ダメ、とは思ってないから。どうしようもないときは死ぬという選択もある、と考えている。だからといって自殺を勧めてるわけじゃない。ここは絶対に間違えないでね。

自殺は「最後の逃げ場所」ということ。「生」に踏みとどまるため、本当にどうしようもなくなったら死ねばいいや、という気持ちがあるわけ。逆の発想なの。そう考えておくと、精神的に楽になれる。「いざとなったら死ねばいいや」と思ってるから、ギリギリまでは踏ん張ろうと思える。逃げ場があるから、逆に強く生きていける。死は最終的なチャンス、逆説的な希望なの。

むしろ逃げ場がないのが一番ツラいんだよね。精神的にやられてしまう人って、まっとうな頑張り屋さんが多い。そこから逃げないで、なんとかしようとする。そうすると、どんどん視野が狭くなってしまって、他に選ぶことができる道や手段がたくさんあるのに、見えなくなっていく。だから頭のいい人ほど実は生きづらい。疲弊して、精神的にやられてしまうものなの。

悩んでる人に対して、いつも私は言うの。「死んでもいいんだって思えたら楽になることもある」と。周りに合わせなくてもいい、人に好かれなくてもいい、とにかく自分が楽に生きられればいいんだよ、と。「いつでも死ねる」という選択肢が、人生を楽にしてくれる場合もあるのよ。

視野が狭くなっているときに「頑張れ！」「命を大事にしろ！」「きっと乗り越えられる！」といった、人の命に対して無責任な励ましなんてよくできるな、と思ってしまう。逃げたらダメとか、必死で生き抜けと言われれば言われるほどツラくなるんだよね。もちろんそれらは彼らの好意から出た言葉だったんだな、と後からわかったりするけど、自分に余裕がないときは、ポジティブな気持ちに転換なんてできない。

とにかく、自分の命には自分が責任を持つ。それでいいじゃん。

「あなたは強いよね、その強さの秘訣は何なの？」と人に訊かれて、とことんやってダメだったら死ねばいいやと思ってるからだと答えたら、「死ぬという選択は私にはないな」と言われた。もちろんそういう人のほうが幸せだよ。でも死ぬことを前提に生きてる私も、不幸せではない。

逃げてもいいし、無理に闘わなくてもいい。とりあえずでも生きていれば、いつか「死ななくてよかったぁ」と思えるときが来るんだわ。

何度も言うけれど、誰も味方がいなくて、本当にどうにもならない、もうダメだという状態になったら、ということだからね。でもギリギリまで追い込まれることって、実は滅多にない。借金を抱えてどうにもならないなら自己破産すればいいし、学校や会社でのイジメがツラかったら今いるところから離れればいい。何でもいいの、逃げ場所をどこかにつくっておかないと、人って弱いからへばってしまう。

逃げるのは卑怯じゃない。逃げることは、とても勇気がいることなの。無事に逃げられれば、別の幸せが見つかるかもしれない。一回しかない人生、ずっと不幸の中に沈んで生きるより、逃げられるなら逃げましょう。

私は「最悪死ねばいいや」と考えてきたから、ここまで生き長らえることができた。死を前提にすると、案外強くなれることもあるんです。

思い出したくないことほど忘れることができない

思い出したくないことほど忘れられないのは、そのほとんどが恨み辛み、後悔だから。でも時間が経てば、恨んでた自分さえ忘れてしまえるの。

「3億円も使った挙げ句、裏切られた元旦那のことを許してるの？」と訊かれることもあるんだけど、許すも許さないも、最近ではもうあまり思い出さなくなった。ネタとして書いたり、言ったりするときに記憶から引きずり出してくることはある。そういやこんなこと言ったな、とか。でも普段は考えてない。まあ夜中にふと思い出して、ものすごいムカついて眠れなくなることもあるけど、普段思い出さないということは、もう気持ち的には許してるんだろうね。

忘れるための努力や方法なんてなくて、それは時間だけが解決してくれるもの。ツラいことがあったらしばらくはしょうがない。思い出して泣いたり、悔やんで唇を嚙めばいい。どんなにツラかったことでもね、そのうち忘れる。というか、思い出さなくなる。恨み辛みや後悔は、やがて消えていくから。

私くらいの年齢になると、誰かの死に直面することもある。誰かが死んでしまうことって、ものすごく悲しい。でもね、自分の大好きな人がいなくなって、人生でこんなに悲しいことはなかったと思っていても、初七日が過ぎる頃にちょっと立ち直って、四十九日法要の頃には人と冗談を言ってたりする。人はひとつの感情にはとどまっていられないもの。ずっと悲しいままじゃ、人はいられないのよ。

幸せであることも一緒で、生きている間ずっと幸せな人もいない。幸せっていうのは、状況を見て判断するのではなく、「幸せだ」と自分が感じることから生まれる。感情から出てくるものなの。だからそこには永遠にとどまれない。感情は流れていくものだから。

忘れてしまいたいからと、無理に忘れようとすると、余計にしんどい。それって逆に意識してるってことだから。今の感情がすべてだと思うとツラくなるだけ。だから思い出さなくなるまでは我慢せずに泣いたらいいの。叫んだっていい。

解決するには人に話したり、愚痴を聞いてもらえばいい。誰かに自分の感情をありったけぶつけることで、何となく気持ちも整理できる。でもいつか冷静になったとき、「もし相手が自分と同じような状況になったなら、話を聞いてあげよう」と思ってあげてね。普段から誰かに相談されたり、愚痴を言われたら聞いてあげる。人の話を聞くことで、自分がツラいときにも話を聞いてもらえるようになるよ。

そうやって上手に忘れて、ふとしたときに上手に思い出す。完全に忘れなくてもいい。「負」の自分も含めて自分なんだって思えたら、楽になるよ。

ブス、バカ、おばさんは、あなたを守る「強力な防御壁」になる

理由のない生きづらさに足掻いてる人たち――私もかつてそうだったからわかる。

私はとにかく自分の興味のあるものにしか反応しない子どもで、極度の人見知りで、協調性もない。とても生きづらい子だった。

喜怒哀楽をあまり表に出さないくせに、実は人より喜怒哀楽が激しいという困ったタイプで、その感情を自分の中に溜め込んで、自家中毒を起こしてばかりいた。10代、20代はいつも何かに怒って、やたら自意識過剰で、妙に警戒心が強くて、些細なことですぐに傷ついて

……今思い返すと、ひどくしんどかったなぁ。

傷つくことには今でも決して慣れないけど、体と反対に心の傷は若い頃より早く癒えるようになった。それは「忘れる」という技が身に付くから。さらに未来が少なくなるほど、その技に磨きがかかっていく。それが「おばさんになる」ってこと。自分をおばさんとして貶《おと》すことで、相手の言葉から受け身が取れるようになるの。女はどんな美人でもブスでも普通の人でも、年を重ねればみんな「おばさん」「ババア」になる。これは平等。

同じような貶し方に「ブス」とか「バカ」なんかがあるんだけど、自分を貶すのって勇気がいるんだよ。でも勇気を出して、いったん自分自身を貶してみると「ブス」とか「バカ」とか「おばさん」が防御壁になって、自分を守ることができる。

おばさんになるとね、楽になるよ。若い頃の生きづらさは何だったのかと笑えるくらいに。あんなに人見知りだったのに、周りの人とすぐに打ち解けられるようになったしね。

年を取るごとに身の程がわかってきて、体のあちこちが悪くなって、脳みそも衰えて、些細なことなんてもうどうでもいいや、おばさんなんだからさ、ということが多くなる。そこで頑なに年齢に抗おうとする人は、生きづらさをわざわざ背負い込んでいるようなもの。しかも年齢を意識しないことで、逆にすごい意識していることになってしまうんだけど、気づいてないのは本人だけなんだよねぇ。

優しさとは「背負わせない」「押し付けない」「気づかせない」

「誰も私に優しくしてくれない」と愚痴る人には、「あなたが人に優しくしていないから」と言うしかない。

優しさって難しいのよ。優しくしたい人も、優しくされたい人も、思いや方法が合致してるとは限らないから。優しさってさ、相手に「何をしてあげたいか」と思うよりも、その人が「何をしてほしいか」を考えることだと思うの。

例えば友達が恋人にフラれたとき、「寂しいだろうからそばにいてあげたい」と思うのは「自分がしたいこと」なの。相手がそれを求めてるかどうかはわからない。もちろん押し付けるものでもない。それは自己満足になってしまう。

私なら本当に寂しいときほどひとりでいたい。そばにいて心配されるよりも、ひとりで自分を見つめ直すことも大事だと思ってるから。そばにいてほしいのか、放っておいてほしいのか、ただ見守っていてほしいだけなのか……それを見極めることが他人に対する優しさであり、そのためには想像力が必要になる。

テレビやネットでいろんな価値観を目にするたび、他人の痛みを理解しようとしない人が多いんだなと思う。だけどそもそも他人の痛みなんてわかりっこない。同じように、あなたの痛みも他人にはわからない。確かに痛みを自分に置き換えて理解するのは難しいけれど、人には「想像する」という知恵がある。でも想像力をどこかに置いてきたまま、ほとんど反射神経だけで物を言ってる人たちが本当に多い。そしてそういう人ほど「自分の痛みを理解されたい」と願っている。

よく「大丈夫？」と訊く場面があるけど、それって「大丈夫じゃないだろうな」と思っているからかける言葉なんじゃないかな。「大丈夫」と相手が答えても、表情や声から大丈夫じゃないことを察知したりする。でも相手が大丈夫と答えたときは、あえて踏み込まない。そっと見守って、いざというときに手を差し伸べればいい。相手の「心の陣地」に踏み込まない人を、優しい人というのだと思う。

私は「背負わせない」「押し付けない」「気づかせない」というのが優しさの基本だと思っ

てる。そのときは相手に気づかせないくらいさりげなく、後で「あれって優しさだったんだ」と思ってもらえるくらいでいいの。「してもらって当たり前」みたいな人もいるし、さりげない優しさに気づかない人もいるだろうけど、別に気づかれなくても構わないじゃない？　だって優しさなんて、自己満足のひとつにしかすぎないんだよ。

そして誰かに優しくしたからといって見返りは期待しないこと。人に優しくしたり親切にして、それが自分に返ってこないかな、できたら与えた以上になって、と思ってしまう浅ましいところが人間にはあって、優しくした当人から返ってこないと腹立たしい気持ちになってしまう。それはたぶん心のどこかに「してあげた」という気持ちがあるから。それは相手を思う気持ちではなく、自分のしたいことでしかないんだよね。

でもね、与えた以上になって返ってくることもある。それは、優しくしたり親切にした当人ではなく、他の人から。これも運と同じで、回ってくるものなの。

私が作詞家になったばかりの頃、当時超売れっ子だった作曲家たちが「作詞は及川眠子で」と使ってくれた。私はそれを恩だと思ってるんだけど、それを彼らは返してくれとは絶対に言わない。たぶん返されることを待ってもいないはず。だから私は、彼らに恩を返すのではなく、若い子たちにつないでいきたい。後進を育てていくことで、私が受けた恩を返していく。そしてその人が将来売れっ子になって、次の世代の若くて才能がある子たちを引き上げてくれたらいいなと思ってる。

また、親しい人を亡くした経験から思ったことなんだけど、自分を支えてくれた人がいなくなることより、自分が支えていた人を失うことのほうが喪失感が強くて深い。優しさの行き場が失くなるのって、ツラいことなんだよね。

「みんな仲良く」の呪いは断ち切っていい

何かあったときに、人を助けてくれるのは人。人脈は金脈、そして財産です。だから私は若い人たちに友達は増やしたほうがいいと言っています。

とにかくいろんなところに顔を出して知り合いを増やし、どんどん仲良くなればいい。友達になれる人にきっと出会えるはず。逆にきらいになる人も必ず出てくると思う。そこで「きらい」という感情を持つことに、後ろめたさや罪悪感を持つ必要はないの。

日本の教育は「友達100人できるかな」「みんな仲良く」というもので、その場にいる人みんなと仲良くできることが良しとされてる。でも幼稚園児にだって、好きな人ときらいな人はいるもの。だから「きらいなものはきらい！」でOK。きらいになっちゃいけないと思ってしまうのは「仲良く」の呪い。その呪いは断ち切っていいものなの。「こんな人が好き」よりも「こういうタイプの人はきらい」のほうがわかりやすいでしょ？　いろんな人に会うことで、だんだん自分に合った人がどんな人なのかがわかってくるよ。

きらいな人にも好きな部分を探そうとするから、だんだんしんどくなっていく。だったらこの人きらいと切り捨てて、残った人と付き合ったほうが精神衛生上、絶対にいい。無理に好きになる必要は全然ないよ。

今の環境が生きづらいという人は、往々にして自分が生きているコミュニティが小さいことが原因だったりするんだけど、狭い関係性の中だけでやろうとするから息苦しくなってしまう。だから私は「友達は増やしたほうがいい」と言ってる。関係性を増やして、内ではなく外へ目を向けることが大事なの。

もちろん人は必ず助けてくれるとは限りません。それにはまず自力で何とかしようとする姿勢、常に丁寧に人と付き合っていくことが必要。互いに自立してこそ、いい友達でいられる。友達が苦しんで足掻いて、どうしようもなくなったときに手を差し出せるか、その手を相手が握り返してくれるか……それは考え方や物事へのスタンスといった「人間の芯のような部分をお互いに理解できるかどうか」にかかってる。

若いうちはそうやって友達を増やして、人脈を広げることが大事。人と会うことに無駄はなくて、人とのつながりがやがて財産になっていく。そして、ある程度の年齢になったら、人間関係も自然と「断捨離」していくようになるよ。満遍なく人と付き合っていられるほどの体力も気力もなくなってしまうからね。

地図にない未来へ向かって

50歳を過ぎるくらいまでに、とにかく何でもいいから「名刺を持てるくらいの趣味」を持っておいたほうがいいと思う。普通の会社に勤めていた人の定年後のキャリアなんてあてにならない時代だし、会社員だから通用していたということもあるからね。

趣味だから、資格とか試験を受けたりしなくてもいい（勉強をするものでも構わないけど）。パッチワーク作家とか俳人なんて、資格や免許はいらないから。作詞家だってそう。ただ、人に名刺を渡して名乗るのであれば、個展を開くなり（画廊にお金払えば誰でもできる）、あちこちに作品を投稿したりして、実績を残しておかないとね。

その趣味は、自分が苦しいときに「プライド」が保てるものになる。「私にはこれがあるから」と思えると、生きていこうとする。

もちろん自分が好きなこと、続けられることじゃないとダメ。あとはマルチタスクにしておくこと。ひとつだけにせず、あれこれやってみる。好きなことを増やしていく。そうすると、自分の本当に好きなものが見つかる。やりたいことなんてすぐには見つからないもの。だからチャレンジしてみて「楽しい！」と思ったら、それをやり続ければいいの。

人付き合いだってそうだよね。ひとりの人に依存したり固執していると、関係性がダメになったときに絶望してしまう。

そうやってコツコツと続けていたら、もしかしたら仕事になるかもしれない。ネット上に自分の好きなことや作品を載せて、デビューした人たちはたくさんいるでしょ？

過去に囚われて「大会社の部長だった」とか威張ってもしょうがないの。それからそんなに年を食ってないのに、過去の話ばかりする人っているよね。でも昔話って共通体験がないと面白くないし、一回聞いたらもう聞きたくないもの。そういう人に限って何度も同じことを話すんだけどね。過去のことばかり話す人ではなく、未来の話ができる相手を探そうよ。

年上の女性と会食したときのことなんだけど、女ってもう本当にいくつになっても未来を夢見てる。今度はどこへ旅行しようか、俳優の誰がカッコいい……昔話でしんみりなんて一切なし。しかもイタリアンのフルコース、デザートまで全員しっかり完食！　３００歳くらいまで生きるつもりなんだろうか、と思うよ。そんな逞しさを持ってほしいなと思う。

「やりたいことが見つからない」と言う人は多いけど、最初からやりたいことがあるほうが少数なの。大学まで行ったって、何をやりたいのかわからない人がたくさんいるんだから。だからといって、やりたいことを早く決めたらいいってものでもない。いつでも、どんなことでも、何歳からだって新しいことは始められる。もちろんやりたいことを決めた人は、とにかくそこへ向かっていけばいいだけ。その先に未来がある。

忘れないで。死ぬその瞬間まで、未来はあるんだよ。

第二章 「恋愛」で疲れたときの大事なお話

恋愛で我慢ができるなら、小説や映画、歌はいらないものになる

以前、恋愛禁止と言われているグループのアイドルが結婚宣言をした後、「恋愛禁止のルールで我慢できる恋愛は、本当の恋愛じゃない」と発言していた。この言葉に対して、共感できる人は多いんじゃないだろうか。

恋や愛っていうのは、すんなりといかないからこそ情景や心情に深みが生まれるもの。だから我慢する恋愛ほど小説や映画、歌詞といった物語になる。

「君が好きだ」「私もあなたが好き」「結婚しよう」「私でよければ」「一生君だけ愛する！」「私もあなたといればそれで幸せ」……だいたいみんな最初はこんな約束をするもの。でもすべての人が約束を守れるなら、小説も映画も歌も必要なくなる。

人が恋に落ちるときは、自分の中に相手を入り込ませる「隙間」みたいなものがある。それが意識的につくれる人もいるし、無意識にできてしまう場合もある。でも結局、人は自ら志願して恋に落ちようと思い落ちているはず。その隙間があることで、心が揺らぐのです。

ひとりでいると、寂しさに慣れていく。二人でいるから、寂しさに気づいてしまう。「今

日はあの人来るかな？」と待ち続ける寂しさはキツい。それが諦めになるか、憎しみに変わるかは相手次第なんだよね。

「夢と恋のどちらを取るか？」とか「母親と女とどっちでいるか？」みたいな質問をしてくる人がいるけど、なぜそんなことを選択をしなきゃいけないんだろうと思う。

夢も恋もどっちも取っていいに決まってる。母親であることと女であることは自分の中に共存させられる。誰かの真似なんてする必要はない。私はそう思うんだ。

でもね、「男女の相性」なんて、匂いとか、手の湿り具合とか、そういう細かいところにあったりするもの。それが合致する人って本当に少ない。

トルコ人の元旦那は「嫌なところ」がなかった。決定的に嫌だということがなかったの。それが13年も続いた理由なんだろうね。もちろんお金にだらしないという面はあったけど、それは目をつぶれた。経済的なことは、私にとっては重要ではなかったからね。

一緒にいて心地よい要素（1）「言語感覚」

一緒にいて「楽しい」と感じるのって、言語感覚が同じ人。逆にしんどいのは、言葉は通じるのに心が伝わらない人。これは男女関係だけじゃなく、友人などにもいえること。

言語感覚が違う人は何回か話をすると、何も通じてないないなというのがわかる。関係性を保つ上で意思の疎通ができるかできないかはとても重要だと思うのだけど、その一方で「ガーンって行ってザーッとやる」みたいな雑な表現で通じる人もいる。その感覚が合ってるかどうかが、付き合っていくための重要なファクターになる。

私の知り合いで、もう最近は会わなくなっちゃったんだけど、話をしていると「ええ〜？何？　何？　もう一回言って！」と頻繁に聞き返す人がいた。一回で理解できないのか、それとも人の話を聞いてないのか……会わなくなったのは、何度も聞き返されることにうんざりしたのが原因。私の話をちゃんと聞いていない？　もしくは言ってることがわかりづらい？　どんどん不安になっていって、徐々に話すことを諦めてしまうのね。

基本的に言語感覚というのは、読解力や理解力の問題だと思う。あとは普段の言葉遣いであったり、知識量であったり、文化的なことへの造詣だったりする。やっぱりどうしてもそれまでの「蓄積の差」が出てしまう部分なの。

特に大人であればあるほど、言葉が通じない、心が伝わらない人に、いくらわからせようとしても無理。「この人には何を言っても無駄だな」と感じたら、気持ちもどんどん遠ざかっていくよね。

言葉を生業にしている私が、結局自分は無力なんだと感じるのはこういうとき。だけど「言葉の力」をまだ信じてるからつい言い返してしまう。たとえ堂々巡りになってしまっても。

ちなみに私が今まで一緒にいて一番楽だったのは、私に対して「あなたは何考えてるかわかんなくて面白いなぁ」と言った男だった。逆にしんどかったのは「誰よりもあなたを理解してる」と言って憚《はばか》らなかった人。それって理解してるんじゃなくて、相手のことを決めつけてるだけ。だから私はその決めつけに抗って、結局は互いに疲れ果て、すぐに別れた。

よくよく知っておいてほしいのは、本当に話が通じない、住む世界も考え方も言語感覚も何もかもが違う人がいるということ。そういう場合は間違っても相手を説き伏せようなんて思わないほうがいい。世の中には、同じ言語を使っていても、心どころか言葉さえ通じない相手がごまんといるから。

一緒にいて心地よい要素（2）「金銭感覚」

言語感覚と同じくらい、金銭感覚も似ているほうが楽。男女だけじゃなくて、友達関係も含めてね。もちろん何にお金をかけているのかといった趣味趣向、収入などによっても違うので、その人の価値観がどうなのかを知るってなかなか難しいものなんだけど。

ブランドの服を着ているのに、家で使っている食器がプラスチックや安物ばかりだと「バランスが悪い」と私なんかは思うけど、それは個人のバランス感覚の違いであって、だからダメということではない。何が大事で、どこにお金を使うのか。そして自分はそんな相手を許せるかどうか。それが「価値観が合う」ということなの。

私は母から常に「高いものほど普段使いにしなさい」と言われて育った。その理由は「ものを大事にする手になるから」。高いものだと思うと、丁寧に扱うでしょ？　いいものを使っていれば、見る目や感性も磨かれる。そういう価値観を、私は親に与えられたわけ。

しかしこれは個々の家庭のしつけの一環であって、この方針が正解か間違いかなんてことではない。価値観って「これなら許せるな」ということだから。

自分で払わないケチな人も、金銭感覚では大きな判断材料になる。

ある男性と初デートで行ったお店の勘定が計9700円くらいで、相手から「俺の分ね」と5000円を出され、「いきなり割り勘か……ま、いいけど」と思いつつ、私も5000円を出した。

すると彼は、そのままお釣りを受け取り、さらに「領収書ください」と言って、それも自分が受け取った。たかが300円をケチる、しかも経費で落とそうとしている……金銭感覚以前の問題だね。でも最初にわかってよかった。そのまま我慢して付き合い続けていても、お金に対しての感覚や考え方を共有できない限り、亀裂は深まるだけだから。

その人の価値観が簡単にわかる、基準になるものはないか？　そんなことをずっと考えていて「靴下」を思いついた。靴下に大金をかける人はそう多くないはず。いくらの靴下を買うか、一足ずつか、それとも三足セットを選ぶのか、どんな素材を好むか、穴が開いても人前でなければ履き続けるのか、靴下でその人の金銭感覚やオシャレ度がわかるかもと思ったんだが……どうだろう？

一緒にいて心地よい要素（3）「笑いの感覚」

言語感覚、金銭感覚と並んで「笑いの感覚」というのも大事じゃないかと私は思う。笑いの感覚が似ているっていうのは、恋人や夫婦だけじゃなくて、友人関係でも一番付き合いやすい。

トルコ人の元旦那と離婚した後に付き合った男が、私とは笑いの感覚が全然違う人だった。テレビを観ているとき、私が全然面白いと思わないところで笑っていて、こっちが一生懸命面白いことを考えて言ってもスルーされたりしていた。

彼だけではなく、友人知人の中でも「笑い」のポイントがまったく違っている人もいるんだけど、中にはものすごく「聞き上手」な人がいて、それはおそらく笑いの感覚を人に合わせることができる、一種の天才なんじゃないかな。まぁ極めて稀だけどね。

元旦那と13年も続いたのは、笑いの感覚が似ていたからなんだと思う。一緒に泣いてくれる人よりも、一緒に笑ってくれる人のほうが楽しいよね。

言語や金銭、笑いのような感覚って、自分と相手の間で完結していればいいこと。外から見て「げっ」と驚くようなことも、お互いがOKならそれでいいんじゃないかな。

あるときスーパーマーケットへ行ったら、買い物カゴを床に置いて足で蹴りながら歩いている女性がいた。食べ物が入ってるカゴを蹴るという行為にまずびっくり。で、どうも隣にいる男性と夫婦らしい。でも夫らしき人は、カゴを蹴っているのをまったく気にしてない。ほとんどの人はどうかと思う行動だろうけど、二人で「収まってる」こと、問題にもならないことだからOKなの。ただ、そういうのは子どもにも影響していくものだったりするんだけど……。

あとは「好きなことが一緒」よりも「きらいなことが一緒」のほうがいいと思う。好きなものって変わっていく場合が多いけど、きらいなものってあまり変わらない。好きな食べ物が一緒よりも、きらいな食べ物が一緒のほうが、店を選ぶ際も楽だよね。

食事といえば、マナーや食べ方も気になるところ。

ある日、とんかつ屋さんでご飯を食べていたら、隣に座っていた男性の食べ残し方がすっごい汚かったの。ついまじまじと見てしまったんだけど、一緒にいた女性も同じような食べ残し方だった。お互いの感覚が一緒だから、まったく気にならないんだよね。おそらく他の人からしたら、信じられないくらいの惨状だったけど……。

私が元旦那に惹かれたのは、食べ方がきれいだったからということもある。そして日本で生活していくなら箸はきちんと持ちなさいとか、茶碗にご飯粒を残したらダメということは注意をした。自分が嫌だと思うところはきちんと言えるというのも、一緒にいられるかどうかの大事なポイントなんじゃないかな。

でも離婚後に付き合った人は、嫌なところを極力見ないようにしていた。違うなと思ったことも言えなかった。というより、言いたくなかったのかな。たぶん私が言っても変わらないだろうと思ったから。「それでずっとやってきた。これまで誰にも注意されなかった」という大人を矯正するのはなかなか難しい。だったら自分が我慢すればいいか、と思って見ないふりをするんだけど、結局その我慢がストレスになる。

さらに付き合って3ヶ月くらいして、彼がくちゃくちゃ食べることに気づいて衝撃を受けた。それに気づけなかったくらいに私自身が病んでいたんだということに驚いたの。やっぱり病んでるときに恋に落ちてはダメ。なぜなら、求めてるところから外れた人を摑んでしまうから……。

でも、だから元旦那はよくて、その彼は相性も最悪だったという結論ではないよ。自分がひどく病んでいたんだとわかったのは、やはり彼のおかげ。私は彼によって救ってもらったわけだし。

人生ってのは些細な日常の繰り返しで、だからこそ相手の癖や仕草や言葉をどれだけ許容できるか、嫌なところも含めて受け入れられるか、ということになる。

それ以外にも、コンビニとかガソリンスタンドの店員に乱暴な口調で応対するとか、横柄な態度で接する人なんかも本当に嫌ね。でもそういうことって若いうちなら矯正できる。もし相手の行動や言動が嫌だなと思ったら、ちゃんと注意してみる。気をつけてくれるなら付き合うに値する人だろうし、直そうとしないなら早く別れたほうがいいかもしれない。

かと言って、自分の感覚や価値観が「正しさ」のすべてとは限らない。あなたも相手に注意されたとき、自分がダメなことをやっていたならそれをきちんと反省して、改めることが必要です。

誰かの「好き」は、誰かの「きらい」でもある

仕事などで無礼な人に遭遇することがあるけど、たまたまその人のSNSを見たら、結婚して子どもがいることを知る機会があった。「こんな人でも結婚してくれる人がいて、誰かの親なんだな」とつい思ってしまうんだけど、誰かにとってはイヤなヤツでも、別の誰かにとっては愛おしく大切な存在だったりするもの。

誰かの「好き」は、誰かの「きらい」なの。あなたがどんなに好きなアーティストだろうとも、そのアーティストがどうしてもダメという人もいる。二人でドライブへ出掛けて曲をかけたら、あなたは楽しくても、きらいな人にしてみたらそれこそ地獄。譲り合える部分があるのならいいけれど、絶対に無理という場合は、もう互いにその部分には触れないようにしないと、関係性は続かない。

好きとかきらいとか以前の問題もある。

あるとき「ウチの女房は料理が下手で、メシがいつもまずい」と愚痴ってた男がたまたま家に来て、焼きそばを作って出したら、彼はずっとスマホを見ながら食べていたということがあった。黙々と画面を見ながら食べていたので、ちょっと皮肉っぽく「美味しい？」と訊いたら、はっとして顔を上げ「うん」と言った。それを見て、それじゃあ奥さんだって張り合いをなくして、美味しいご飯を作ろうなんていう気も失せるし、疎んじられるだろうなと思った。誰かが自分のためにしてくれたことに対しては、きちんと向き合わないとダメだよ。

たぶん奥さんをレストランなどに連れていったりもしてないんだろうね。別に高い店に連れていけというわけじゃなくて、安くても美味しい店はあるわけだし、とにかくいろんなところに連れ出して、美味しいものを食べさせてあげなきゃ。それさえしないで「家のメシがまずい」とか言うんじゃない、ちゃんと女房に投資しなさい。まずはその前に、スマホ見ながらメシを食うな！

人は相手の「欠点」に惚れ、凸と凹がピッタリ合うと気持ちがいい

テレビを見ていたら、一流大卒で30代後半、ＩＴ系企業を経営する社長がなぜかモテない、という企画をやっていた。彼はイケメンで頭はいいし、高身長で高収入、仕事はできるし、着ているものの趣味もいい。もちろん話も面白くて、女の子への気の使い方も含めて完璧。なのにモテない、という原因を探るためある女性芸人とデートしたんだけど、彼女が「あなたは凸《でこ》も凹《ぼこ》もない」と彼のことを評したのね。そうだよ、いいこと言うなと思った。

人っていうのは相手の「欠点」にときめいたり、恋したりするもの。例えば目が細いことを気にしている女性がいて、その目が好きだと思う男性がいる。毛深いことがコンプレックスの男性を素敵と感じる女性もいる。それはつまり「相手の良さをわかってあげられるのは自分だけ」ということ、自分と相手の凸と凹がピッタリ合うということなんだと思う。

確かに一見完璧な人というのは、ツルッとして欠点がないように見えるから、どこに自分をハメていいのかわからない。手がかりを見つけづらいの。

人というのは、凸と凹が嚙み合ったときに、恋愛したり、セックスしたり、絆が強くなっ

たりするもの。嚙み合うと、気持ちがいいんだよね。

でも欠点がないように見えるツルツルな人は、逆に相手にコンプレックスやプレッシャーを与えてしまう。すると相手は「こんな完璧な人なら、私じゃなくてもいいのでは？」と感じ、「あなたにはもっといい人がいると思う」とフラれてしまう。これが一流大卒ＩＴ社長がモテない理由。

もちろん一見完璧なだけであって、彼にも何らかの欠点はあるはず。でも一度や二度会ったくらいじゃ見えてこない。その部分が露呈しないままますぐに別れるけど、イケメン社長だから次がすぐに食いつく。つまりは、モテないんじゃなくて、心底好きになってもらえないというのが本当のところ。

誰からも好かれたいという人は、こういうツルンとした人間になりたいと言ってるのと同じです。欠点というのは可愛げであり、人を引きつけるもの。だからそれを気に病む必要はなし。ただ認めて、愛でて、それも自分と思えばいいんです。

甘やかすからダメ男になるのか、そもそも最初からダメなのか?

恋愛には0対100というのはなくて、その時々によってどちらかが主導権を握り、それに合わせて比率も変わる。

人の凸と凹。私と元旦那もピッタリと嚙み合ってしまったので13年も一緒にいたわけだけど、もしも彼の相手が私ではなかったら、あそこまでお金をせびったり、ひどい状態にはならなかったのかもしれない、と思うことがある。

してあげたい私がいて、してほしい元旦那がいて、その凸と凹がピッタリと嚙み合ってしまうと、ついつい甘やかすことが常となる。

ダメ男ばかりを拾ってしまうのは、もちろん自分にも原因がある。だから甘やかしてくれる人に対して鼻が利く、というタイプに嗅ぎつけられるんだよね。一回ご飯を与えてしまうと、次もまた来て「ご飯は?」と言う。それを繰り返していると、ご飯をあげるのは当たり前になって、「服は?」「家は?」「車は?」と要求がエスカレートしていく。ついつい応えてしまって、相手をどんどんダメにしていくの。自分が相手の負の部分を大きくしてしまう、というところはあるのかもしれないね。

そうならないためには、最初にしっかりと釘を刺しておかないといけない。「奢《おご》るのは今日だけ」とか「家には入れない」とかね。まあでも甘やかすからダメ男になるのか、そもそも最初からダメ男なのかなんて、どっちもどっちなところはあるんだろうけど。

幸いにして私は出会ったことがないけど、一番タチの悪いのが「ハラスメント男」。例えばDV男って誰にでもDVをするわけではなくて、暴力を受け入れてくれそうな人を見つける才能があるんだよね。見つけられた相手はDV男に巧みに取り込まれて、操られ、殴られたり蹴られたり暴言を吐かれたりしても我慢してしまうようになる。でもDV男は外面が良くて他の人には優しいから、まさかそんなことをするはずない、と思わせる顔も持っていたりするのよ。

時々ハラスメント男ばかりをつかまえてしまう子がいるけど、彼女の中に相手の攻撃性を掻き立ててしまうような何かがあるのだと思う。それが何かを自分で見極めて、相手を見る目を厳しくして、自分で自分を思い切って変えていかないといけない。

もちろんDVをされたらすぐにその人から逃げること。我慢したり、誰にも相談しないでひとりで抱え込むなんてダメ。暴力は愛の手段ではないよ。ハラスメントを繰り返す相手とずっと一緒にいたら、ボロボロにされてしまうから！

美人に生まれるのも「才能」なんです

ある人が「自分はブサイクなのですが、美人と対等に扱われるにはどうしたらいいでしょう?」という相談を受けて、返答に困ったという話をしていた。

そんなのどう考えたって美人の圧勝に決まってる。どうしても対等に扱われたいというなら、金を貯めて整形でも肉体改造ダイエットでも、顔が別人になるくらいの特殊メイクでもなんでも気が済むまでやったらいい——私ならそう答える。

その顔と体で生まれてきたんだから、考えたってどうしようもないの。

私は「美人だって才能」と思ってる。キレイな顔やスタイルに生まれてきただけで、立派な武器になる。そもそも美人という才能がある人とない人を同列に並べようとするからツラくなるの。ハーバード大学を卒業した人と、赤点スレスレで高校を卒業した人が同じ英語の長文読解テストを受けるようなものなんだから。

美人と対等に扱われようと思うからしんどくなる。顔やスタイルでは勝負できないんだったら、あなただけにしかない美点や長所を伸ばしたらいいだけの話。

美人にだっていろいろと悩みはあるし、必ず何かしらのコンプレックスを抱えているはず。完璧だと思うのは他人の勝手で、本人からしたら決してそうじゃないかもしれない。「いつかこの美しさを失ってしまうかもしれない」という恐怖と闘う話なんて、古今東西の小説や映画、歌にもたくさんあるしね。

キレイな子ってチヤホヤされることも多いけど、結構な確率で子どもの頃にイジメられたり、仲間はずれにされたりもしている。子どもってそういう差異に敏感だから。

大人になっても、ちょっと目立つというだけで「女を武器にしてる」とか言われてしまうこともあるよね。有能でちゃんと仕事をしていても、キレイとか若いという理由だけで周囲にやっかまれる。自分よりも上にいる者を引きずり下ろしたい、その人を引きずり下ろすことで自分がもっと上へ行ける、と勘違いしてる人たちもいるからね。

でも私は「どんどん女を武器にしたらいいじゃない」と思う。武器になるものがあるんだったら、使わなきゃ損！　使えるうちに使っておかないと。

確かに美人のほうが得することは多いし、いろんな人に可愛がられるかもしれない。でもそれだけでやっていけるほど社会は甘くない。美人であること以外に何があるか、ってことが問われるからね。

若さや美しさ、負けん気、我慢強さ、鈍感さ、すべてがあなたの武器になる。どんな欠点だって、上手く使えばいいだけよ。

若さや美人という「才能」をいかにスライドしていけるか？

「美人」という才能を維持するため、日々自分を磨いている人もいる。でもその武器もいつかは錆《さ》びる。そのときにどうするか、ということを考えておかないといけない。もちろん「若さ」だって才能なんだけど、誰にでも平等に与えられるものだから、それが武器だなんてよもや思わないうちになくしてしまう人が多いんだよね。

キレイさや若さというのは、いつか減価償却するもの。もちろん運動するなり、食事に気をつけるなり、健康な生活をするなり、美容整形するなり、加齢を遅らせる方法はいくらでもあるけど。

人目を惹くような美人でさえ、すぐにもっとそれ以上の人が出てくるのは世の常。それこそ若い人なんて、いくらでも出てくる。だからカワイイ、キレイとチヤホヤされている間に、武器を使って必死に自分を磨いて、いかに揺るぎないもの――それは経験、実績、スキルなんだけど、そうしたものをどれだけ得られるか、見た目から実力へと上手にスライドしていけるかってことが大事。年を取って、若くてキレイじゃなくなってからは、それがあなたの武器となる。若さやキレイさにあぐらをかいて、努力を惜しんだ人の末路は悲惨だよ。だから私は若い女の子たちには「テメエに金をかけろ、オノレの中身を磨け！」と言いまくってる。年を取れば、誰だって「おばさん」「ババア」と一括《ひとくく》りにされてしまうからね。

女は30代後半以降が面白くなるよ。それは「実力や才能でしか見られなくなる」から。年を取って、背中についた脂肪が全然取れなくても、ちゃんと仕事ができる人は引く手あまた。仕事ができて姉御肌で責任感が強ければ、なついてくる若くてカワイイ男子もいるしね。

年を取ってシワが増えたり、たるんできたりすると「劣化した」なんて揶揄する人もいるけど、それも才能に対する嫉妬でしかない。誰だって年は取るし、老いは平等なもの。美人を指さして「劣化した！」とか言ってる人は、自分は最初からポンコツだった上に劣化しまくっていることを自覚すべきなんじゃない？

「見た目」はやっぱり大事

人って、初対面の相手の「外側」しか見ないもの。だからまずは「見た目」をきちんとしておいたほうが得策。よく「見た目なんて関係ない」と言う人がいるけど、そんなことない。見た目は大事！

まずは服装。どんな服を着るかは個人の自由だけど、服装っていうのは「自分がどう見られたいのか」ということが如実に出る。カジュアルな服装の人は気さくな雰囲気を演出してるのかもしれないし、カチッとしたスーツを着ていると、仕事モードなんだなという印象を与える。

以前、私についてくれていた女性のマネジャーには、ジーンズを履くことを禁止しました。普段着に見えるし、場にそぐわないこともあるから。仕事をするということは、会社の看板を背負って仕事をするということ。しかも表に立つわけではないマネジャーの最大の仕事は「信用してもらう」こと。それにはやはり相手から「この人になら任せても大丈夫」という安心感を与えないといけない。初めて会ったときにTシャツにジーンズだったりすると、頼りない印象に見えてしまうこともある。つまりは損になる。もちろん髪型であったり、メイクだったり、立ち居振る舞いや言葉使いであったり、清潔感があるかどうかというところも手を抜かないように。

もし自分の名前で仕事をするようになったり、何度か会って中身が認められた上でなら、好きな格好をするのはアリ。そこで初めて「自分がどう見られたいのか」という個性を出せばいいの。

見た目に関して私が「この人は本当にプロだな」と関心したのは、女優の大地真央さん。一時期、彼女の舞台の作詞や構成などもやっていて、これは地方へ公演に行ったときのエピソード。地方公演ではだいたいステージのあるホールまで至近のホテルに泊まることが多いんだけど、彼女はホテルの部屋から公演をするホールまで、ちゃんとメイクをしてやって来る。ほんの数分の距離しかないのに。そして楽屋へ入るとそのメイクを落として、舞台メイクを施す。そして公演が終わると舞台メイクを落とし、またメイクをして、ホテルの部屋に戻っていくの。

普通だとほんの近くへ行くだけだったら「ノーメイクでもいいか」とか思いそうなもの。もしくは帽子にサングラス、マスクをして顔を全部隠してしまえばいいんじゃないか、と。しかし真央さんはスターなので、出待ちをしているファンの人がたくさんいる。その人たちが自分を見たときに、ノーメイクだったり顔を隠していたら申し訳ない、きちんとした姿を見てもらいたい、だから見た目にこだわることは「お客さんへの礼儀」とはっきり言っていた。スターという存在がどういうものか、私は真央さんを見て学びました。

もちろん見た目が大事なのはどんな場面でも同じこと。あなたは相手にどう思われたいのか？　自分をプロデュースする気持ちで臨んでください。

旬は人によって違うから「年齢」でくくってはいけない

20代、30代の女性で恋人がいない人の割合が結構高いんだそうです。そのくらいの年代って、いい人はいないの？　とか、早く結婚しろとか、子どもを産むならそろそろとか、周りからいろいろとうるさいことを言われるんだよね。

もちろん恋愛はしたほうがいい。人を好きになるってことは、とても大事なことだと私は思う。

でも心も体も元気で前向きなとき、つまり「自分の旬」って他人が決めることじゃなくて、自分が決めること。若いときにひとりで、恋人もいなくて地味に暮らしているからダメ、ってことでは全然ない。ひとりでじっくりと考えたい人もいるし、友達との時間を満喫したい人もいるはず。もちろん恋愛が楽しい人は、どんどんしたらいい。

私の20代は「プロの作詞家になりたい」ということに一点集中していた。幸い25歳のとき「三菱ミニカ・マスコットソングコンテスト」で最優秀賞を受賞して、作詞家としてデビュー。そこからはリクルート関連の販社や制作プロダクションで仕事をしながら、レコード会社へ売り込みに行ったり、とにかく毎日必死に詞を書いた。27歳のときにゆうゆの『−3℃』がヒットして、ようやく作詞家としてやっていけるようになり、その後は仕事もお金も右肩上がりの日々。遊びたいとか旅行したいとかって気持ちは、経済的にも精神的にも落ち着いた頃にやっとやって来た。だから私の初めての海外旅行って28歳のときだったの。もっと若い体力があるときにいろんなところへ旅に行っておけばよかったなと思うこともあるけど、後悔は全然していない。当時の私は音楽のことばかりを考えていて、その時間があったから今の自分があるしね。

やりたいことがあるんだったら、やればいいの。別に恋愛なんて誰かにしなさいって言われてするもんじゃないしね。仕事が楽しいんだったら仕事を楽しめばいい。好きな人ができたら、そのときに考えればいい。まずは今の自分が何をやりたいのかを見極めること。それが一番大事。恋愛はいくつになってもできるよ。

社会や世間というのは、なんでも年齢でくくろうとする。高校生は15歳から18歳で、結婚適齢期はこのくらい、〇〇は何歳までにやっておかないといけない、とかね。でも人の旬は、人によって違う。何歳で何をやろうと、それは個人の自由なの。だから年齢でくくっちゃダメ。

ある程度の年齢になって「あのときにやっておけばよかった」と後悔する人がいるけど、

世間でいう年齢にくくられて諦めてしまうなんて、人生がもったいないと思わない？

本当に自分がやりたいことを貫く人は、周りに流されず、自分の頭で考えたことを具現化して、どんなことをしても手に入れようとする。

２０１８年に山口県で行方不明になっていた子どもを見つけたボランティアの尾畠春夫さんだって、65歳からボランティアを始めて、行方不明の子を見つけたのって70代後半でしょ。人間の旬はいつなのか、人それぞれに違うのよ。

その人がどんなやりがいを持ってやれるかが大事。年齢なんて全然関係ない。

コンプレックスをさらけ出す「勇気」と「開き直り」

「ウチの旦那は東大卒」ということを事あるごとに自慢している人がいた。不思議に思った私は「あなたはどこの大学だったの？」と訊いたら、すっかり黙ってしまった。要は自分のコンプレックスを旦那の学歴で解消していただけ。

年収ン千万円の男と付き合ってるとか、男にいくら注ぎ込ませたとか、そういうことでしか自分の値打ちや幸せ感を測れない人もいるんだよね。

そういう人たちは、自分の欠点まで含めて愛することができてない。だから自分への愛情が歪んでしまうし、人のものを借りて見栄を張ろうとする。

コンプレックスって個々の中に深く抱え込んでいるものだから、他人が理解するなんて無理。逆を言えば、コンプレックスがあるからこそ頑張れる。この年齢になると余計にそれがわかる。コンプレックスをさらけ出す勇気と開き直りが「突破口」にもなる、ってね。

だから勇気と開き直りがない人は、付き合ってもあんまり面白くない。インテリでセンスが良くて、優しいのになぜか空き物件、という人はほとんどがそんなタイプ。ワケありと思って間違いない。

もともと欠陥住宅なのか（性格がねじ曲がっている）、それとも幽霊が出るとか（昔の恋人が忘れられない）、実はすでに抵当に入ってたとか（借金まみれ）、何かというとあちこち壊れる古い家とか（親が出てくる）……まあ怖いもの見たさで付き合ってみてもいいけど、思いもよらなかった一面が出てくる場合もあるから慎重に。案外凸凹が合って上手くいくかもしれないし、「ただ単に恋愛に臆病だっただけ」なんて人もいたりするかもしれない。

あとは高学歴だったり、繊細な人ほど、自分の理想どおりに行かない現実にぶち当たって、ニートや引きこもりになる場合も多いみたいね。学校での勉強というのは、過去のことを中心に学ぶもの。でも社会に出てからの勉強は、今の自分と未来のため。なまじ頭がいい人ほど、その違いが受け入れられなくて苦しむんだろうと思う。

ちなみに私の周りにいる、インテリでセンスが良く、優しくて性格のいい独身男性はほぼ全員ゲイだということにさっき気づきました……ま、楽しいから、いいんだけど。

そのゲイたちが主人公のミュージカル『プリシラ』。日本版の舞台で私は日本語詞を担当したんだけど、この作品は愛することの痛みや喜びと同時に、差別についても描いている。世の中にはいろんな価値観がある。でも「人が人を愛すること」には正解も間違いもなくて、それを伝えるのが「文化」の役割だと思っている。

最近は自分の言ったことや、やったことに腹をくくれない、責任を取れないという人たちが多すぎて、なんだか悲しくなってしまうよね。

世の中には自分の意見と違う人がたくさんいる。生まれ育った環境や経験、抱いてる感情はそれぞれ違う。だからいろんな意見があって当然。そういうものだと思っていればいいだけなのに。

欠点を含めて自分を愛することもできない人や、自分の頭で考えずに誰かの意見に乗っかることしかできない人たちが、誰かをひとつのカテゴリーに押し込んで、決めつけて、鬼の首を取ったように批判して、断罪している。

もう少し他者を許容する心を身に付けようよ。生き方にだって、正解も間違いもないんだからさ。

女だって過去に引きずられる

女は過去に引きずられないとか、別れた瞬間にすっぱり男を忘れられるとか思ってる人たちもいるみたいだけど、違うんだよ。女だって過去に引きずられる。

じゃあどうしてそう思われるのか？　それは多くの場合、女の側からの別れのきっかけになるのが「相手への軽蔑心」だから。一度そんな思いを抱いた相手との過去など、消し去りたいに決まってる。

別れ際、女が一番守ろうとするのは自尊心。だから「離婚したい」「別れたい」と愚痴る男に、私はいつも忠告する。「絶対にあんたから捨てるな」と。

女を惨めにしない。男が自分からゴミのように捨てられてあげる。それが男の仕事。あえて自分を落とすことができるかどうかで男の値打ちが決まると思うんだ。

だいたい男のほうがいろいろと引きずるんだよね。男って思い出に上書きをするんだけど、時々読み返して、懐かしんだりする。女はリセットして、再スタートの人が多い。引きずられてウジウジしても何もいいことはないからね。

「個性」とは、型に押し込めて教育したことから「はみ出した部分」

男と女が夫婦になって子どもが生まれる（そうじゃない場合も多々あるけど）。私の周りの母親世代の中には、時々息子や娘の夢にまで口を出す人たちがいる。「私はあの子の夢を応援してる」とか「心が折れたときは抱きしめてあげるの」みたいなことを聞くたびに、それが彼ら彼女らの甘えや依存につながらなければいいなと思ってしまう。

最近は「個性を大事に」という教育がいいとされているけど、私は少なくとも義務教育が終わるまで（親の庇護のもとでしか生きていけない間）は、勉強やしつけ、ルールやマナーを徹底して教えるべきだと思ってる。子どもの自由にさせず、教育やしつけを押し付けて、とにかく型に押し込めるというやり方。

どうしてそんなことをするのか？　それは親や教師、世間から押し付けられたものが、結果的に「本人の基礎」となるから。義務教育期間に教わる教養があれば、人はとりあえず生きていけるものです。

そう言うと「子どもを型に押し込めるなんて！」と怒る人がいる。のびのびと自由に育てるのは勝手だけど、電車やバスの中で「わー！」と騒いでいるのは個性とはいわない。それはただの野性。何のしつけもできていない状態なの。人としての教養＝基礎なしでは、どんなに才能があっても上手く花を咲かせられないものなんです。

しかし子どもをいくら型に押し込めたとしても、どうしてもそこからはみ出してくるものがある。それが個性であり才能となる。そしてそのはみ出したものを否定しないで見守ることが、子どもの才能を伸ばすコツ。この「否定しないで見守る」というのができていないから、せっかくの個性や才能を潰してしまうことになる。子どものやりたいことを潰す人をドリームキラーというそうだけど、まさに夢を殺してしまうことなのよ。

どんな子にも必ず何かの才能がある。でもそれを正しく評価して、伸ばしてあげられる親や教師が少ないんだよね。あるいは過剰に「私はあの子の夢を応援してる」みたいなことを言って、ステージママ状態であれやこれやと口を出し、子どもを自分の理想のかたちにしようとする。基礎がないから挫折したのに「心が折れたときは抱きしめてあげるの」と甘やかす。反対に、はみ出した部分を「和を乱す」「協調性がない」と叱り、無理に矯正したり、否定をしたり。そんなふうに正しく評価してもらえなかった子どもたちは、やがて捻じくれて、ネットなどで他人を攻撃する大人になってしまう危険性がある。

というのも、私自身が型の中でじっとしてられないダメな子どもだったから、とてもよくわかるの。私は人の言うことなんて聞かない子で、「これやりたい！」と決めたらそれしかやらなかった。なので子どもの頃は、型に押し込めたい親との戦いの日々。でもそういった押し付けが、とりあえず人の道を外れるまではいかなかった自分にしてもらった。だからはみ出そうとする子を「あんたはダメだ」と否定しないで、いいところを見つけて伸ばしてあげてほしい。

子どもって飽きっぽいし、脳も体も柔らかいから、いろんなことをすぐに覚えて、ダンスがやりたい、ピアノをやりたい、友達がやってるから私も、と言うもの。でも明らかに向いていないこともある（習い事なんてほとんどがそうなんだけどね）。人はどんなに頑張ったところでものにならないこと＝適正がある。そこを見抜いて、導くのが親や教師の仕事です。

最初は楽しかったけど、だんだん自分に向いてないことに気づいてつまらなくなって「もう辞めたい」と言うと、「あなたがやりたいって言い出したんでしょ！」と叱る親がいるけど、本人の適性も含め冷静に観察してあげてほしいなと思う。

子どもは親を選んで生まれてこれない。だけど、どんな子どもも幸せになる権利がある。そして、親や教師は子どもを幸せにする義務があるの。もちろん周りの大人も含めてね。

自分の過去を誰かに打ち消してもらいたい、と思うと失敗する

「苦しい自分を助けてほしい」という気持ちがあると、だいたい恋人選びは失敗します。恋愛が上手くいかないという人は、前の恋愛や結婚で手ひどい失敗していて、その過去を新しい恋人に否定してもらいたいだけ、という場合がある。過去の失敗が心の中に澱《おり》になって溜まってるんだよね。それをキレイにすくい取ってもらって、「それは失敗じゃない、今の君のままでいいんだよ」と肯定してもらいたいの。

私の知り合いにバツ4の女性がいて、なんで4回も結婚・離婚したのか、その理由を訊いたことがある。

彼女は音楽活動をしていて、結婚して子どもができても音楽を続けたいという希望がある。だからそれを許してくれる男性でないと結婚はしない。すると「僕は君の夢を応援するよ」と言う。なのに結婚してみたら「ずっと家にいろ」「メシを作れ」「靴下を履かせろ」みたいに豹変《ひょうへん》。俺の金で食ってるんだろう、音楽なんて趣味みたいなもんだと否定され、支配しようとしてくるのでたまらず離婚。

すると次に出会った男は前の男を否定して、「僕はそんなことは言わない」と言うので結婚してみたらまた同じ。再び離婚して、出会った次の男は「僕はそんなことしないよ、君の夢を応援する」と言って、じゃあこの人だったらと思ったら……となって、結局4回も結婚・離婚を繰り返すことになったそうで。彼女は今独り身なんだけど、自由に音楽やって、幸せそうだよ。

過去の自分を打ち消したいから、それを否定してくれる男がいい、とやってると人の本質なんて一向に見えないもの。でも彼女みたいに離婚せずに無理をしてしまう人も結構いて、そうなると一生相手のご飯を作り続けるだけで、自分がやりたかったものを諦めてしまうことになる。それでも満ち足りた人生ならばまったく問題はないんだけど、年取ってからいきなり「私の青春を返せ！」になりかねない人も結構多い。

これってセックスでもいえることで、男との関係性をつなぎ止めるためだけにセックスをしていたら、そうそう長くは続かない。最初は大事にしてくれるかもしれないけど、だんだんご飯も奢ってくれなくなる、扱いも雑になって、「ゴム着けなくて、よくね？」とか言われる。それでも……と我慢をしていると、他に女をつくられて、捨てられるのがオチ。

そういう男を引き寄せてしまう原因って、案外自分にあったりするものだよ。

日本では「幼児性」が残っていることが美徳と思われるところがあって、無垢や無邪気がいいものとされている。だから少年のような人とか処女性とかが大事にされたりする。
でも無垢や無邪気っていうのは、きちんとした大人な部分があってこそ面白いもの。
100パーセントの無垢や無邪気は、ただのバカな子どもだからね！

ダメ男につかまる私、40を過ぎて焦る独り身

ダメ男ばかりを拾ってきた、私の体を張った経験から言わせてもらうと、次の3点が揃っている人はほぼ間違いなくダメ男にやられます。

(1)自分より格下の男のほうが一緒にいて楽
(2)つい男を育てようとする
(3)自己評価が低い

私の場合、格上の男には一切世話を焼かない。取り皿に醤油さえ入れてやらない。

でも世間も認めるくらい甲斐性のある女ほど、概ね男に対して世話焼きになる。それは世話を焼くのが好きというより、自分のほうが格上だと男に気づかせないための一種の優しさではないかと思う。

ダメ男には「私がいなきゃ生きていけない」という気持ちを抱いてしまうんだけど、かえって男の依存心を強くするだけ。そういう発想自体、すでに恋人ではなく「保護者」になってしまってるんだよね。

私はトルコ人の元旦那に女をつくられ、金までどっさり奪われたけど、それでも自分が全面的に被害者だと思ったこともないし、私にも落ち度はあったんだろうと思ってる。相手のキャパや意思を考慮せずに、ただ一方的に自分好みに育てようとしてしまった、そういう「理想の押し付け」みたいな部分が、結局彼が私を裏切る原因になったんじゃないかなと、今ではわかる。

妻の仕事に理解を示し、夕食が宅配のピザでも文句を言わず、ゴミ出しや皿洗いも率先してやってくれて、生活費は美しく折半する穏やかで知的な男性……よりも、この世のクソを全部集めたような男と一緒にいるほうが面白いんじゃないかと思ってしまう時点で、ダメ男を摑む確率は大いに上がる。

だけど、それが「負けの人生」かどうかは自分自身が決めること。

女に対してマウンティングを仕掛けてこない、心が深くて優しい包容力のある男というのはあんまりいなくて、「ここにいた！」と思ったら実は「真性のバカ」だったりする。そして類は友を呼ぶのか、私の周りにはどうも男運の悪い女が多い。彼女らに「次はどんな人がいい？」と訊いたら……「仕事してる」「嘘つかない」「酒癖悪くない」「暴力振るわない」「私の金を持っていかない」「毎日お風呂に入る」……ああ、ハードルが低すぎる！（まあみんな、ほとんど冗談で言っているんだけどね）

あと、婚活が上手くいかず、独り身のまま40代以上になって焦っている人ほど、世間でいわれる高スペックな相手じゃないと満足できない、という話をよく聞く。そういう人たちは、決まってこんなセリフを言うそうだ。

「今まで我慢してきたんです！　ここまで待ったんだから、理想の人じゃないと嫌なんです！」

待ったんじゃなくて、自分でハードル上げただけだろう……そりゃ候補者が誰もいなくなる、というのがわかってないんだよね。もうこうなったら「ハードルを飛び越えられるような人」を探すのではなく、下をぐっちゃえばいい。なんだったらハードルなんて向こうへ倒れるようにできてるんだから、なぎ倒していったっていい。そのくらいのパワーでつかまえに行かないと。

自分の条件にぴったりの人なんて、そうそういるわけがない。それよりも「嫌なところがない人」を選ぶこと。長続きするのって、そういう人だよ。

コップの水が溢れるとき

それまでなんとも思わなかったのに、相手への気持ちが冷めた途端に「嫌だな」と感じることがある。

コップに水が溜まっていくのと同じで、いっぱいになるまでは気づかなくて、一滴でも溢れた瞬間にダメになる。そうすると、今までは面白いと思っていたことが嫌になっていく。

水が溢れる瞬間って、どうでもいい、小さなことがきっかけになったりするもの。

あるタレントと結婚していた女性は、彼が夜中に自分の出たテレビを観て「ヒャッ！」と笑っているのを見たら途端に嫌になってしまって、それから彼のタバコの吸い方など細かいところまで気になってしまったと話していた。別のある女性は、付き合っていた相手が靴下を裏返しに履いていて、ナマズのヒゲのようなものがぴょっと出てるのを見て「あ、もう無理だ」と思って別れを決めたと言っていた。

私の場合は、元旦那が「もっと金をくれ」と手を伸ばしてきて、自分で勝手にコップをひっくり返してしまった。倒れたコップを見て、私は「あ、これはもうダメだ」と気づいた。そうするともう覆水盆に返らず、向こうは一生懸命にこぼれた水をすくって見せてくるけど、自分でこぼしたんでしょ、もう終わり、という気持ちだった。ただあのときはまだコップの水はいっぱいになっていなかったから、倒されなければ結婚生活は続いていたのかもしれないなあ。

「生活のため」「子どもがいるから」などの理由があって、旦那の悪口を言ったり、家庭内別居はしているけど離婚しない人もいるよね。あれもコップに水が溜まって、普通ならすでに溢れているはずなんだけど、自分でコップの底に穴を開けてこぼれないようにしているだけなの。

今の状況が嫌でも、誰かに生活を委ねるなら、何かに目をつぶらないといけない。それが自分で穴を開けるってこと。だけど我慢できるならいいんじゃないかなと思う。そうこうしているうちに穴が開いてることを忘れて、相手への攻撃性も年齢とともに落ちてきて、案外やり過ごしていけるのかもしれないしね。

内緒で気が晴れるようなことをしている人もいる。私の友人は、普段から旦那の服を家族の服と一緒に洗わないようにしていて、腹が立ったときは雑巾やら飼い犬が粗相したタオルやらと一緒に洗って気づかれないようにストレス発散させているからウチはいつも円満、と言っていた。床に落ちたレタスをわざと旦那の皿へ入れたり、旦那の歯ブラシで排水溝の掃除をするという人もいたけど、ケンカを避けるためにそうやって「溜まったもの」を解消している。それで気が済むならいいと思う。

ある作家の奥さんなんて、若い頃にやり込められたことが相当溜まっていたらしくて、晩年病気をして体が自由に動かなくなったその作家が食事をしようと箸へ手を伸ばすと、わざとその箸を別のところに置いたりしてイジメていたらしい。女って、怖いね……。

私は一度も「人に食わせてもらいたい」と思ったことがなくて、我慢して目をつぶるくらいなら、自分で稼ごうと考えるタイプだったから、上手にストレス発散や仕返しもできず、離婚を選んだ。

だいたい「頑張って働いて経済力を身に付けて、5年後に離婚する！」とか言ってる人ほど離婚しないもの。離婚する人はしたいと思ったらすぐにする。だって水が溢れてるんだから、待ってられないよ。

でもコップの底の穴も、力関係が逆転すると突然塞がる場合もある。それが「熟年離婚」なんだと思う。旦那が定年になって力がなくなった、金にもならない、子どもは巣立った、今なら勝てる……と思った瞬間、穴が塞がってコップから一気にジャーッと溢れてしまう。ある意味、旦那への仕返しみたいなものかもね。

世間で「良い」とされるルールだけに乗っかってるとどんどんツラくなっていく。これは別に「悪いことをしろ」ということではなくて、間違ってるからやっちゃいけない、とギリギリ張り詰めてばかりいないで、どこかで「まあしょうがないか」と気持ちを抜いたりできないとダメってこと。そうしないとストレスが溜まって、何かをきっかけにして一気にバーンとはじけてしまう。そうならないためには自分のダメなところも肯定すること。そして時々はズルをしたっていい。

100パーセント凸凹がぴったり合う人はいない。だから妥協点をどこに設定するか、何を大事にして、どこに目をつぶるか……夫婦生活って、その闘いなんだよね。

精神的自立は経済的自立の上にしか成り立たない

いろいろ意見もあるだろうけど、基本的に私は離婚推進派。悩んでるなら別れちゃえば、と思う。いろいろと考えることがあるだろうけど、一歩踏み出してしまえば何かが変わる。あなたの未来はあなたの意志で変えられるからね。

ただ、精神的自立は経済的自立の上にしか成り立たない、と私は思ってる。

自立したいなら、まずは経済的なことを考えるべき。そのためにはまずどうやったら稼げるか、いろいろ調べて計画も立てる。結婚してから「メシを作れ」「掃除をしろ」「俺の服を洗濯しておけ」と無理矢理に家に閉じ込められていたら、男に対する依存が強くなってるに決まってる。だからまずは外へ出て、パートでもなんでもいいから働いて自分のお金をつくる。お金を稼ぐってことは、喜びにつながるものだしね。

何でどう稼ぐのか……こればっかりは自分で考えるしかないからね。

誰かに心や体が揺らいだら、その秘密は墓場まで持っていけ

「不倫はいかん！」と断罪する大人たちの中で、今まで浮気ひとつせずに生きてきた人がどれだけいるだろう。もちろんそれは肉体関係だけじゃなく、「いいな」と思った人と一緒に食事へ行くとか、そういうことも含まれる。ちょっとでもそんな気持ちを誰かに抱いたら、そして少しでも心が揺らいだら、それは浮気や不倫の第一歩なんじゃないかな。

他人や自分の家庭がどうなるのかなんてことを考えられなくなるのが「恋に落ちる」ということ。そんな気持ちを経験したことのない人には、激しい感情が想像できないのかもしれない。

もちろんそこで踏みとどまるのが、理性。だけど感情が理性を超えてしまう瞬間もある。

そこを抜き出して、詞にするのが私の仕事。

一応「結婚」という契約をしていても、一生この人だけという心の約束なんてできない。でも家族を大切にしたいなら、誰かに心や体が揺らいだとしても、秘密を墓場まで持っていくつもりでいないといけない。もし浮気をしたなら、絶対に隠し通してほしい。壊したくないもの、失いたくないものを持っているのなら、余計に。

最近は週刊誌が有名人の浮気や不倫を暴くことが多いけど、それは誰かがタレ込んだから発覚するもの。だいたい過去の浮気や不倫をバラされる男っていうのは、女の気持ちを上手く「諦め」に持っていけてないんだと思う。もしくは女に「男を上手に捨てられた」と思わせてあげてないから、なんじゃないかな。

第三章
「仕事とお金」で失敗しない大事なお話

人生に無駄はない

毎日同じ時間に起きて、同じ場所へ行って、同じ人たちと仕事をする……会社で働くって
そういうことなんだけど、私はとにかく繰り返す毎日が苦痛。最初は楽しいと思っても、3
ヶ月も経つと仕事に飽きてしまい、遅刻と欠勤を繰り返すようになって、次の仕事を探す
日々だった。作詞家として食べていけるようになるまで、12回も転職した。

今は毎日違う時間に起きて、毎日違う人に会って、違う仕事をする。とても幸せ。作詞家
になってやっと真人間になれた気がする。

そんな時代、リクルートの販社で働いていたとき、社長に言われた「義務を果たして権利
を主張しろ」という言葉。今も心に残っていて、常に守るようにしている。締切は守る、遅
刻はしない、人に対してだらしないことをしない——自分に対しての約束事だ。

12回も転職して、他人から見ると遠回りに見えるかもしれないけど、今思い返すと会社員
時代は私にとって大事な時間だった。小説でも詞でも演技でも、「普通の人」の気持ちを書
けたり演じたりできる人は、たいてい他業種を経験（アルバイト含む）しているものだし

ね。人生に無駄はない。

25歳で作詞家になり、27歳でヒット曲を出し、29歳のときにWinkに書いた『淋しい熱帯魚』で全日本有線放送大賞年間グランプリと日本レコード大賞を獲得。『残酷な天使のテーゼ』を作詞したのは35歳のときだ。

「どうしたら作詞家になれますか?」とよく訊かれるけど、実はその近道は私も知らない。もちろん名刺を作って「作詞家です」と言えば作詞家にはなれる。でも作詞家として食っていくのとはまた別。

地方で生まれ育った私は「職業作詞家になって、それで食べていきたい」と思ってからプロになるまでの10年間、とにかく詞を書いて書いて書きまくっていた。たぶん2000曲くらいは書いたと思う。ほとんどが駄作。肥大した自意識を、ただ書きなぐっただけのもの。

しかし「量」はそのうち「質」を生む。質が良くなると、自然と向こうから運が寄ってくる。だからどんな仕事もコツコツと続けることが大事。上達しない人ほど「上手く書くこと」にこだわって、結局は何も完成しないままになっていることが多い。上手く書こうとすることより、書きたい気持ちがあるほうが大切なの。

作詞家になりたての頃、ある人から言われたのは、「お金」「名誉」「好きなことをやる」という3つの中から、まずどれかひとつを選んで、それを叶える方法を探れということ。ひとつが得られれば他のものは後でついてくる。つまりは、いっぺんに何もかもを手に入れようとすると、どれもが中途半端になってしまうってことだ。このアドバイスはすごく役に立ったな。

「仲間とだけ仕事をするな。なるべく目上の人、怖い人に向かっていけ」とも言われた。それを繰り返すことで徐々に恐怖心がなくなり、余裕を持って仕事ができるようになる、そして業界のマナーも教わることができる、というのがその理由。上司とか師匠とか親分みたいな目の上のたんこぶって、最初はやっぱり必要なんだと思う。

何かを始める動機は「好きだから」でいい

若い頃は生意気でいいと思う。自分を必死で大きく見せようとして意地を張ったり、誰かに刃向かっていったりね。私も若い頃は何の根拠もなく「自分は天才」と思い込んでいた。

一生懸命に背伸びして、賢いふりをして、自分はみんなと違うんだっていつも自負していたし、何かに必死で逆らってた。でも何の根拠もないから、続けていくうちにどんどん自信は喪失。何に負けたくなかったのかね……。そういう若い作家やクリエイターに対して承認欲求の塊だとか自意識だけのバカと貶《けな》す人は多いけど、若い頃って大抵そんなもんじゃないの？

もうね、とにかく始める動機は「好きだから」でいい。その気持ちがすべてを支えてくれる。好きなことを一生懸命にやってる人は、たとえどんなに汚れてボロボロになっていても、その姿はカッコいい。

好きこそものの上手なれ。好きだから夢中になれる。夢中になるからどんどん上手くなっていく。気がついたら誰にも教わらなくてもできるようになってるよ。

私はたまたま認められて、やりたいことをやっているうちに、周囲のスゴい人たちの才能をイヤってほど見せつけられて、「自分は凡才」と認められるようになり、そこから楽になった。年齢を重ねることって、自分の理想や自意識と折り合いをつけることなのかもね。今の私の自信の根拠は「経験」です。

書いた詞を目の前でゴミ箱に捨てられたり、けんもほろろに扱われたこともあるけど、苦労だと思ったことはない。「おー、やってくれたな、見返してやる！」と奮い立たせてくれたから、今となってはむしろありがたいことだったと感じてる。

売れるほどみんな腰が低くなるもの。世の中に認められてしまえば、あえて自分を大きく見せる必要がなくなるから。だから売れた人たちほど威張らない。虚勢を張らなくても、周りが認めてくれるからね。

やらない後悔より、やった後悔のほうがいい

プロになりたければ努力しろと言うと「偉そうに説教しやがって」とヘソを曲げる人がいるんだけど、どんな道のプロも努力をしているもの。ただ人の目に触れないものだから、外から見るとポッと出てきたように見えてしまう。しかも成功した人ほど「血がにじむような努力をしました」ではなく「運が良かったからです」と謙虚に言うことが多いから、余計にそう見えちゃうんだよね。

その道のプロになって食べていきたいのなら、努力を惜しんじゃいけない。だって選択肢がそれしかないんだから、他へ目移りすることなんてあり得ないでしょ。好きなら努力しなさい、と畳み掛けると、「いや、別にそんな好きじゃないんで……」とかいう答えが返ってくる。じゃあなぜプロになりたいと言ったのか……文句を言ったり、誰かを叩く前に、自分が努力すればいいだけなんだけどね。

昔、知り合いの娘さんが上京するとき、夢があるみたいなので面倒を見てやってほしいと頼まれたことがあった。彼女は20歳くらいだったかな。何になりたいの、と質問したら「作詞家か小説家か脚本家かシンガーソングライターか女優になりたい」と返ってきた。

その後、彼女は特に努力もせず「なれればいいな〜、どうしようかな〜」という状態のまま。そうこうしているうちに男ができて、子どもができて結婚。まあでも東京に男をつかまえに来たと思えば、別にいいよね。それも幸せのひとつ。

どんなときも私は「やらない後悔より、やった後悔のほうがいい」と思ってる。何だってやってみればいいの。やるしかないんだもん。ダメだったら次。次もダメだったらじゃあその次、とやっていけばいい。ダメだとしても納得できるよね。自分には向いてなかったと思えるし、次の場所へ行こうということも考えられる。

ただ唯一、結婚だけはもし迷いが生じたならやめたほうがいいと思う。一度入ったわずかな亀裂は、後に破綻につながる例が多い。これは私の経験からのアドバイスです。

「俺は努力してここまで来た！」と言う人がいるけど、自分の居場所に不満がなくていいなぁと思う。私なんてこの程度までしか来られていない。努力が足りないのか、それとも自分の才能のなさなのか……でも私は「ここまで来た」とは思いたくない。自分のピークは自分で決めたくないし、てっぺんはもっと上だ、といつも思っていたい。

やらない言い訳をする人たち

「小説家になりたい」と言う人がいるけど、よくよく訊いてみると一編の小説さえ書いてなかったりする。どうして書かないのかと訊くと「今はまだその時期じゃない」と言い訳をする。賞に応募してみたらと言うと「そういうことじゃないんだよね」と言葉を濁す。好きな小説家は誰かと訊くと「本はあまり読まないので好きな小説家はいない」と返ってくる。私はまるで宇宙人と出会ったみたいな気持ちになった。

時々新人アーティストの詞を見てやってほしいと頼まれることがあるんだけど、そのほとんどが世に出せるレベルには達していない。どんなに稚拙でも光るものがあればいいけど、それもない。それでも少しでもいいものを書けるようにと指導するんだけど、いくら理論的に説明しても、直しを入れた時点で自分が否定されてるような気持ちになるらしく、次までにちゃんと直してくる人は少数派。しかも直して、以前よりもいい詞になったのも本当にわずかだった。

とにかく他人に評価されることを怖がる人は多いよね。でも自己評価だけはめちゃくちゃ高い。褒めてもらうのはいいけど、貶された瞬間に心のドアをパタンと閉めてしまう。「俺が本気出したらこんなもんじゃない」と言う人に対しては「はいはい」と聞き流すしかないの。才能があっても上手くいかない人って、ほとんどがこんな感じじゃないかな。

こういう人たちって、誰かから「お願いします、書いてください」と言われるのを待ってるの。でもね、そんなこと絶対にあり得ない。逆だよ。どうしても書きたい場合は「お願いします、書かせてください」と頭を下げるのが普通なんだよ。

私は音楽業界で30年以上やってきて、どんな仕事でも楽しい、面白いに置き換えるようにしてきた。書いてやってる、という意識はない。むしろ仕事をもらった、書かせてもらっている的な気持ちのほうが強い。だって作詞家なんて請け負いの仕事だからね。発注者がいなければ、私の仕事は成り立たない。また自分がやりたいことというのは待っていてもダメだと思っている。だから自分で動いて、どんどん仕事を増やす。仕事の数が増えれば、やりたいこともできるようになるんだわ。

また、私はデビュー以来ずっと「一番になりたい」と願って作詞家をやってきた。「一番になることに何の意味があるの?」なんて言われることもあるけど、一番になりたい、有名になりたい、お金持ちになりたい、モテたい、尊敬されたい……結局そんなシンプルな欲望が、わかりやすく自分の支えになるんだよね。

作詞家になったからには、売れるために必死こくのが当然。結果売れたら、それはもうみんなに感謝。だから30年以上も続けてこられたんだと思ってる。

やらない言い訳ばかりしていたら、すぐに人生終わっちゃうよ。

嫌で仕方ないことを外せば、しんどくなく人生を過ごせる

私は他の人にあれこれ決められると、窮屈に感じて嫌になるタイプなんだけど、逆に決められないとできないという人もいる。

例えば学校の時間割に疑問を持たなかった人は勤め人に向いてると思う。「次は国語だけど、気分は算数だなぁ」というふうに、決められたことに気持ちを合わせられない人は、ひとりで働くほうが向いているかもしれない。みんなそれなりの適職があるものなの。

何か嫌で仕方ないことがあるなら、それを外す方法を考える。いろいろと探してみて、自分に向いていることがわかってくると、しんどくなく人生を過ごせるようになるよ。そのときに基準にしたらいいのが「〇〇はきらい、苦手、絶対に無理」ということ。自分が不得手なことをやらなくていい仕事を探してみればいい。

例えば血を見るのが怖い、プレッシャーに弱い、という人は外科医には向かないよね。メスで人の体を切って、自分であれこれ判断して手術する、しかも相手の生命を預かってる、なんて到底無理。医学部ではほぼ毎年といっていいくらい、実習が始まると「やっぱり無

理！」と辞めてしまう学生がいるそうだけど、勉強ができるから医者になれるかといったらそれは違う。性格的なことも関係してくるし、向き不向きは絶対にある。作詞家だって、他人の気持ちを想像できない人には難しい仕事だと思う。

どうしてもできない、きらいなことから自分の「適正」を考えて、選んでみてください。

才能とはいったい何なのか？

頑張ればいつかは報われる的な話をすると、必ずと言っていいほど「努力しても報われない」と文句が返ってくる。でもそこには大きな間違いがある。それはあなたが自分に向いていないところ、適性に合っていない場所で頑張ったり努力をしているということ。それでは報われないのは当たり前。だからせっかく来た運を取り逃がすの。

自分が何をやりたいのか、何に向いているのかをまず見極めて、その場所で地道に努力をし続けられることが「才能」です。逆に「ここは違うな」と感じて、離れられるのも才能。

何が自分に向いているかわからないうちは「何をやりたいか」から始めればいい。とにかく興味のあることは何でもやってみる。たぶんほとんどのことは失敗するよ。でもどこに才能があるのかはやってみないとわからない。秀でたところを見つけることができたら、とことん追求していけばいい。

歌手になりたいと思って頑張ったけど、どうも自分には向いていない。だけど音楽は大好きだから、作詞家や作曲家になる、プロデューサーに転向するなど、同じカテゴリーの中でスライドしていく、という方法もある。

また、才能というのは他人が認めるもの。自分で自分の才能を信じることは大事だけど、もし誰にも認めてもらえず、自分にはその能力がないと感じたら、どこかで区切りをつけて諦めることも必要になってくる。才能を信じて、それにすがっていくのは本人にとっては幸せでも、時には周りを不幸にしていくものでもあるから。

付け加えるなら、自分の感性だけに頼る、いわゆる「感性一発」の人はいずれ潰れてしまう、ということかな。潰れないためには技術を磨いていかないといけない。芸人や歌手などで「一発屋」といわれる人たちがいるけど、とりあえず最初は一発が「突破口」になればいいし、次の仕事につながっていけばいい。一発屋を揶揄する人のほとんどは突破口さえつくれない凡人。技術を磨いて努力をすれば、一発屋だって残っていける。そのためには自分の中のストック、引き出しを増やしていくこと。一発当てるまでに溜めた自分の中のストックがなくなったところからが本当の勝負だよ。

自分の才能に気づいて、努力を続けて、第一線で能力を発揮してきた人でも、いつしか時代と自分の感性が合わなくなるときが来る。それに気づくのは怖いし、なかなか認められないもの。

成功した人には自分なりの法則があったりするんだけど、むしろそれがあることでイノベーションが止まってしまう。過去の成功体験に引きずられてしまうことで、新しい感性や時代の先を読む感覚が鈍ってくる。周囲を支持者でガッチリ固めてしまって、忖度されたり、外部からの声をシャットアウトされたりしてしまう人ほどそれが顕著に表れる。

テレビやネットを見たり、流行っている本を読んだり曲を聴けば、「私の感覚ちょっと古いな、ついて行けてないな」と感じるときだってあるはず。他人と比べるのではなくて、世の中という場所に自分を置いて、俯瞰できる目を持つことはとても大事です。

時流に乗っていけてないと感じたとき、いかに別のことへスライドしていけるか、または思い切って手放してしまうことも才能だと思う。90年代の音楽シーンを席巻した小室哲哉さんが引退宣言をしたけど、この潔さも彼の才能のひとつだと私は捉えてる。

天が授けた適性にいち早く自身で気づいて、その才能を伸ばすために必死で努力する。さらに「感性・理論・技術」が一致して、それらを同時に高めることができる人……これがいわゆる「天才」といわれる人たちなんです。

ちなみにものづくりの仕事をしている人で、書くものやプレイが面白い才気溢れる人は、本人と話してみても面白い。表現するものに人間性が表れるんだと思う。

人脈や縁をつなぐと、巡り巡って自分のところへ回ってくる

「自分には人脈がないから、紹介してほしい」と言われることがある。でも人脈がないと嘆く人のほとんどに「自分を磨きなさいよ」と感じることが多い。誰かに縁をつないでほしい、与えてほしいと待ってるだけじゃ、人脈なんて絶対に広がらない。

それには「この人には一度会っておきたい」と思われるような人になればいいだけ。優しい、面白い、そして魅力のある人は、放っておいても友人知人がいっぱいできる。こういう人はどうやって相手を楽しませよう、どうしたら喜んでくれるのかを考えていて、常に相手が楽しんでるのを見て楽しんでいる。そんな人たちってとてもチャーミングなんだよね。

自分が魅力的な人間になれば、自然と人は集まってくるし、キラリと光るものがあれば、必ず誰かが必要としてくれる。もちろん利用もされるよ。あの人はいろいろ知ってるからなんとかしてくれるだろう、訊きに行けばすぐ教えてくれるよ、って。だけど人に利用されるのも、自分に値打ちがあるってこと。そう捉えれば、別に腹も立たないよね。

集まってきた人の中で、見込みのありそうな人にはどんどん人脈を与えればいい。与えられた人の中には返そうとする人もいるから、自分のところにまた新しい人脈が増えることになる。この人怪しいな、騙されそうだな、もらうだけもらったらトンズラしそうな人だな、と思ったらそこで関係を切ってしまえばいいこと。

そうやって自分から縁をつないでいくと、不思議なことに巡り巡って仕事やお金が回ってくる。私も長く音楽業界で仕事を続けてきたけど、自分ひとりの力だけでは切り開けないものってどうしてもある。たくさんの人たちにずいぶんと助けてもらいました。

「自分には知人、友人がいっぱいいるんだ」と威張っていても、本当に自分が困ったとき、大変なときに「あなたのためなら」と一肌脱いでくれる人がいる、というのが本当の人脈。名刺コレクターになっても何の意味もない。スマホに記録されている名前の中で、本当に大事な人がどれだけいるかってことよ。

また、人から人脈を奪おうとする人は、人からも奪われます。人に与えず、奪う一方の人に与えてくれる人なんていません。人を救ってくれるのも陥れるのも、すべて人なんです。

仕事もお金も、みんな「人」が持ってくるもの

第一章の〝「みんな仲良く」の呪いは断ち切っていい〟のところでも書いたけど、「人脈は金脈」です。仕事もお金も、みんな人が持ってくるものだから。

私は音楽業界の人間なので、その界隈の人たちには当然知り合いも多い。だけど同じ業界、同じような職種の人たちばかりと付き合っていると、世界が広がっていかない。

ＳＮＳが発達した今って、これまで連絡を取るのさえ難しかった人にすぐコンタクトできる素晴らしい時代なの。これを使わない手はないよ。新しい関係をいくらでも結ぶことができる。ひとり知り合いになると、そこから関係性が広がっていく。自分が知らないことやものに長けている人と知り合うと、新しい知識を得ることもできる。

面白い話題を提供してくれる人や、自分が知りたいことに詳しい人と仲良くなりたい。そのためには自分も相手に何かを提供できるようになろうと努力するしね。

「あなたは有名人だから知り合えるんだろう」と言う人もいるけど、相手が有名であってもなくても、自分に対して本当に興味を持ち、リスペクトしてくれようとする気持ちは、ちゃんと伝わるものだよ。

だからその人に興味を持っているわけではなく、ただ単に「有名人が知り合いにいると自慢できる」みたいな浅はかな理由はダメ。もし相手が下心満々であなたに近づいてきたら……自分に置き換えて考えたら、どんなに嫌なことかはわかるよね。

ここ最近はツイッターやフェイスブック、人の紹介などを通じて知り合った人と一緒にトークショーをやったり、対談したりしているから、やっぱり「仕事もお金も、みんな人が持ってくるもの」をあらためて実感しています。

お金について

「お金儲け＝悪」と思ってる人は多い。でも本来、お金儲けって「一生懸命に働く」ということじゃないかな。もちろん法を犯したり、人を騙したりして荒稼ぎするのはいけないこと。だけど自分で真っ当に働いて稼いだお金なら、何に使ってもいい。文句を言われる筋合いはないと思うの。

あくまで私の経験に基づく感想なんだけど、人に使ったお金は、自然と自分のところへ回ってくる。今は苦しいけれど、せめてお世話になった人たちにお中元やお歳暮をと贈ったら、そのあとにいつもなぜか予期せぬ入金があったりする。だから私は他人にはお金をケチらない。お金と水は同じで、溜めるだけじゃ腐るんだよね。だから目上の人に奢ってもらってきた人は、ちゃんと目下の人に奢ってあげようよ。

あとはお金の上手な使い方だね。例えば換気扇の掃除をしたい、1年間汚れを溜めてしまったので相当汚い。そういうときにお金を払ってプロを呼べば、手際よく2時間くらいでピカピカにしてくれる。もし自分でやろうとすると、新しい洗剤やゴム手袋を買ってきたり、説明書を読みながら換気扇を分解して掃除して……と時間も手間もかかる。もしかしたら思っていたよりもキレイにならないかもしれない。でもお金を払ったらノーストレスで終わる。自分が持っていない技術と手間を買う。私はそういう捉え方。

お金で人は変わる。良くも悪くも。私はトルコ人の元旦那に3億円使って、さらには離婚時に7千万円の借金を背負ったわけだけど、そういう状況の私から逃げていった人もいたし、「本当に困ったら頼ってください」とわざわざ言いに来てくれた人もいた。生きていく上で大事な、お金というものに対しての大切なことをたくさん学ばせてもらったから、私は元旦那のことをあんまり恨んでない。いろんなことを経験させてもらったし、元旦那と一緒にいた日々は面白かったしね。

さんざんお金で失敗したり裏切られたり、いろんな人たちを見てきて今しみじみ思うのは、お金のために死ぬことほどつまらないことはない、ってこと。借金なんてゆっくり返せばいいし、必死で働いて稼げば、人生はきっと立て直せる。一発逆転なんてなかなかないよ。楽なお金儲けの話なんていうのもない。それでも生きてれば、いつか絶対に潮目が変わるんだわ。

お金は使うためにある

私たちは詞を書いて、曲を作って、出来上がった楽曲を歌手が歌って、CDや配信というパッケージにして（最近はストリーミングとかもある）、売って、それでお金を得てご飯を食べています。でも最近は「動画サイトで聴いてます」「無料のストリーミングで聴きました」という人も増えた。中には「お金を使わないで応援しちゃダメなんですか？」と訊いてくる人たちもいる。

心の中で「頑張れ！」と応援するのはあなたの自由だ。もちろんエールを送ってくれていることは素直に嬉しい。だけどあなたが応援してる歌手や漫画家、作家、画家などのクリエイターは、本やCDや絵を買ってもらったり、カラオケで歌ってもらったり、ライブや展覧会に来てもらわないと、お金を手にすることができなくなってしまう。経済的に困窮した状態だと、どんなクリエイターだって新しい作品を生み出すことが難しくなる。彼らの才能を潰さないためには、その才能にお金を払う人が必要なの。だから一番簡単な応援は「お金を使うこと」。ファンであること、好きであること、応援の方法はみんな違う。それぞれの経済事情もあるでしょう。でもお小遣いで自由に本やCDを買えるくらいの余裕があるなら、お金を使って応援してほしいと私は願う。

自然災害で被災したある観光地の人にお会いしたとき、「私は何をすればいいか？」と問うたことがある。寄付を募るなり、ボランティアでも何でも希望を言ってください、と。そうしたら「復旧したら、また遊びに来てほしい」という答えが返ってきた。その地へ行き、ものを食べ、遊び、お土産を買う。

そう、お金は使うためにある。そのために、私は日々働いている。

損得とは違うところで仕事をしたくなることもある

もちろん私はお金のために働いてるし、お金にならない仕事ほど面白くないものはないと思っている。だけどお金のためだけではないのもまた事実。

「夢を叶えたい」という人から協力してくれないかと請われることがある。中には夢というものへの取り組みを安易に考えている人もいて、「じゃあ、あなたは代わりに私に何を与えられる？」と意地悪で返すと、たいていは黙り込んでしまう。きっと明確な目標もなく、ただ楽してなんとかならないかと思ってるから。人に頼れば何とかなると思ってるうちは、誰も助けてはくれない。必死な思い、絶対に叶えたいという強い信念が、人の心を揺さぶるのです。

たまたま一緒に食事をしたら、その人の中ではすでに私は「友達」になっていて、妙な馴れ合いの中で「タダで書いて」と言われることだってある。そういう場合ほど、もう意地になって書かない。

私に限らずプロを使いたいのなら、基本はビジネスとして損得勘定がすべてになる。でも本気で頑張ってる人、心底面白いと思える仕事に対しては、求められなくても協力する。心震える企画や歌い手には、銭勘定抜き。面白いから全身全霊をかけて作るし、頑張って売ろうとする。ずっと業界で生きてきた、海千山千の人間を舐めてはいけない。

損得の計算ばかりではない。私たちは人の感動につなげたくて、ものを作っている。だからそれ以前の人と人のつながりの中でも、いわゆる「心の合致」を目指しているの。

コスパは考えるな！　どんな経験にも決して無駄はない

今の時代は「コスパが悪い」という判断基準が幅を利かせている。時間がもったいないという理由から最短で得することをしようとする人がいるけど、結果的に遠回りになったりするものなんじゃないかなと思う。

ネタにもならなそうな本は読まずにおこう、みたいに決めつけて、放棄してしまうのは簡単。だけどその本があなたの役に立つかどうか、駄本だったかどうかは、読み終わってからしかわからないんじゃないかな。なんで最初から決めつけるのだろう。他人の書いたレビューで評価が低かったから？　それはあなたの意見じゃないよね。

確かにつまらない本やしょうもない本だと、お金も時間も無駄にするかもしれない。けど、やがて自分の血肉に変わることもある。クソみたいなものを知らないと、いいもの、素晴らしいものがどんなものかさえわからない。だからどんな経験にも決して無駄はないの。

自分の経験、そして経験から得た知識や感情は「道具」、つまりは技術になる。道具を上手く使いこなせると、仕事での「作業」がマジで楽になるよ。作業効率ももちろんアップする。そのための道具。

中には道具を必要としない人たちもいる。だから興味がないなら、本は読まない、映画観ない、演劇観ない、音楽聴かないで全然オッケー。なのになぜやらないのかを問うと「忙しい」「時間がない」を理由にする人って多い。暇なときにやってるのかというと、別にやっていない。正直に「興味ないから」と言えばいいのに、やらないことへの妙な後ろめたさがあるんだろうね。これってつまりは「人からの評価」を気にしているってこと。やりたいけどやれない、だから時間がないと言い訳をする。「本も読まない人」みたいに思われるのが嫌なだけなんだよね。

私が尊敬するのは勉強し続ける人。話をしていて「それ知らない」という話題が出たときに、速攻でメモを取ったりスマホで検索したりする人たちを私はスゴいと思う。どこまでも好奇心を失わない――自分もそうありたい。

10代の経験が「骨」をつくり、その後に得た知識が「血肉」となる

10代で聴いた音楽、読んだ本、観た映画などがあなたの「骨」をつくる。英語ではバックボーン（背骨）という言い方をするよね。

でも当然ながら、骨だけでは社会で生きていくことはできない。その後に得る様々な知識や経験、そこから導いた知恵があなたの「血と肉」をつくることになる。骨と血肉ができて、初めてひとりで動けるようになるの。

10代はまだ世界が狭くて、自分の身近なところから様々なことを得る。例えば自分が好きになったアーティストや作家が影響を受けた人や作品などを知って、さらに深掘りをして知識を深めていくもの。私の場合は関西のフォークソングなどを聴いて、彼らの源流となったリトル・フィートやザ・バンドを聴くようになった。「この人たちは誰をリスペクトしているんだろう？」と調べたり学んだりして、技術もセンスもより一層磨いていけるものなの。

今の若い人たちって、好きになったアーティストだけしか聴かない人が多いんだよね。それってとてももったいないよ。

音楽でいうと、やはりコンピュータが発達して音楽が個人作業になってきたことが原因なのかなと思う。スタジオに行かなくても、家でひとりでパソコンをいじって、あまり苦労せずにできるものになってしまった。かつては音楽って、ひとつの場所にみんなで集まって「せーの！」でやるもので、そこでのコミュニケーションを通じて、いろんな知識を得たり、テクニックを磨いたりしてきたもの。決して今の時代が悪いと言ってるんじゃない。音楽の在り方が変わってきたというだけ。

若いミュージシャンの中には、アドリブでのジャム・セッションができない人が多いのよ。コード進行を知らないからなのかな。もしかしたら理論は知っているのかもしれないけど、せーの！　でやってないから、体得してないのかも。ミュージシャンとして一番面白いことができないなんて、とてももったいないなと思う。人とセッションすることの楽しさを、ぜひ味わってほしい。これは「古い音楽家」である私からの意見。最近それをやってるのが、ヒップホップやラップのＭＣバトルなんだろうね。

もちろんコンピュータが発達して、ネット時代になったことの便利さは私も享受している。だけどいろんなことを吸収して、自分の血肉にする作業は決して怠ってはいけない。しっかりとした基礎がないと、今あなたが立っている場所より上に行くためのエネルギーが早く尽きてしまうよ。超が付くほどのベテランアレンジャーでさえ、例えばハープが入った曲をアレンジをするために今でも丸々一冊、音楽の理論書を読んだりしてる。プロ中のプロになっても、徹底して研究したり、新しい分野の勉強を怠らないものなの。血肉は何歳になっても増やしていけるものだから。

資料代をケチる、身銭が切れない人は出世しない

「今どきネットで探せば何でもわかるじゃん。だから資料代に金使うヤツはバカなんだよ」。そう言い放った人がいた。自分の血肉となってくれるものにお金をかけない、身銭を切れない人間は絶対に稼げないし、出世もしない。これも私の経験談。

例えば私が詞を書くためにクライアントなどからもらう「資料」。アニメの主題歌であれば、内容や企画意図、キャラクターなどが書かれたものが入っている。しかし私が言っている資料は、自分の血肉にするための本や音楽、映画や舞台などを観ること。言葉は同じで

も、意味がまったく違う。

あるとき私が「音楽や出版業に従事する者が、資料代や取材費にお金を惜しむってどうよ」と意見したら、私と同じく印税で食べてる人に「今は業界も大変なんだ、本やCDは売れないしね」と嘆かれたことがある。収入が少なくて大変だから資料や取材費にお金をかけなくてもいい、というのは言い訳にはならない。自分は売れてほしいと願ってるのに、人の作品は買わないという精神はどうかと思う。

そう言うと「好きなものをバンバン買える裕福な人にはわからないでしょうよ！」とキレられたりするんだけど、私にとっては身銭を切らないのは裕福になるための努力を惜しむことと同じ意味。自分らしいものを自分なりに作りたいと思うなら、他の人がどんなものを作るのかを勉強することも大事じゃないかな。

お金さえ出せば、知識はいくらでも得られる。本やCDなどを買えば、自分の財産にもなる。人脈や仕事につながっていく場合もある。私はこれからも面白い人たちとたくさん知り合いたい。だから自分を磨く。人から知識を得るためには、まず自分から知識を誰かに与えられるようにならなきゃいけない。

そして「わからないことは誰かに訊けばいいや」という人もすごく多いよね。基本的に知識は人が与えてくれるもの、あるいはタダで得るものだと思ってるのかな。

今はパソコンまで行かなくても、手の中にスマホがある。それで調べて当たりをつけて、関連する本を探して読んでみる。どうしてもわからなくて煮詰まってしまったら、そこで初めて人に訊いてみる。そういうことを面倒くさがらずにやらないと、知識は身に付かない。つまりお金も暇も手間もかけて、自分の脳みそに投資しろってこと。

私は自分の好きなことを仕事にしてきた。そしてそれなりに儲けることもできた。自分が得てきたことに対する恩返しはやはり、これから売り出そうとしてる若い人たちの本やCDやチケットを買うこと。また、チャンスがあれば仕事に起用してあげることだと思ってる。それが人生半ばをとうに過ぎた私たちの役目。

一流とは何か？

私なりの一流の定義は、「舐めない・媚びない・威張らない」の精神性に尽きる。お金がなくても、ヒットに恵まれなくても、一流の人はたくさんいる。

逆を言うと、弱い相手に対しては舐めた態度で、強い相手には媚びて、威張り散らして仕事する人は、私に言わせれば三流。

人生の先輩にこんなことを教えてもらったことがある。

「一流の人間は自ずと一流を引き寄せる。だから付き合ってる人たちを見れば、その人自身が一流か三流かわかる」

誰に引き上げられるかで、その後の人生は変わるもの。

大物ほど自分より頭が良かったり、出世するかもという若手や年少者を重んじるし、とても可愛がる。そうじゃない人は逆で、自分より頭のいい人がきらい。自分の地位を脅かすと思ってしまうんだろうね。だからイエスマンばかりを集めて、常にその場で一番でいたがる。自分の味方ばかり集めて、そこで持ち上げられていても、結局は自己満足の域を出ない。味方だと思っている人たちにも実は損得があって、「こいつダメだな」と感じた瞬間に背を向けられることもある。

私は味方ばっかりを自分で選べるフェイスブックよりも、敵もたくさんいるであろうツイッターのほうが楽しい。批判される、攻撃される、罵倒される、そうした相手と闘う姿勢を日頃から身に付けておけば、心がくじけにくくなる。たかがＳＮＳでもね、生きるためのひとつの訓練になるよ。

一流で、仕事ができる人の条件は「返事・決断・行動が早い」こと、さらに「理解力がある」ことだと思う。

決断が早い人って、相手のことを考えているの。

私が歌手のプロデュースを初めてやったとき、ディレクターから教えてもらったことがある。

レコーディングスタジオには、楽器を演奏したり歌手が歌ったりするブースと呼ばれる部屋と、演奏や歌を録音したりミックスしたりするミキサーのあるコントロールルームがあって、プロデューサーたちはコントロールルームで歌や演奏を聴いて、ブースに指示を出しているの。そのときに使われるのが「トークバック」で、コントロールルームにあるマイクから、スタジオの中にいる人と話ができるようになってる。

その人が教えてくれたのは、ブースで歌手が歌い終わったときに、待たせないですぐにトークバックでどうだったか返事をしてあげてほしいということ。ブースの中って、コントロールルームにいる人はガラス越しに見えるんだけど、トークバックを通してしか向こうの声は聞こえない。しかもヘッドフォンもしている。相手が何を話しているのかまったくわからないと、とても不安になるよね。だから「今のはよかったね」「もう一回やってみようか」とすぐにトークバックでリアクションしてあげなさいと言われた。待ってほしいときも待つ理由を言ってから「ちょっと座って待っててね」と指示する。

とにかくすぐに返事をする。「イエス」と「ノー」だけではなく。歌手や演奏者がどうすれば不安を感じないか考えればいいだけ。

私は詞はプロだけど、サウンド＝音に関しては素人。ミックスされた音の違いや微妙な音程のズレなんてほとんどわからない。でも音を聴かされて、レコーディングエンジニアから判断を迫られる。そこで「うーん」と悩んだって、わからないものはわからない。だったら「ごめん、わからない。何がダメなの？」と正直に訊いてしまったほうがいい。そうすると「こっちのほうがピッチはいい」「ちょっとリズムが走ってる」などと教えてくれる。エンジニアは音のプロ。信頼して任せられるところは、任せたほうがいいに決まってる。ちゃんと説明を聞くと、私もどういうことかわかるし、次からはこちらが問う前に言わなくても説明してくれるようになる。また、訊かれたことについてはすぐに返事をする。何もリアクションがないと、相手はどうしていいのか困惑するから。

要するに、わからないということもひとつの答えであり、相手にそれを伝えることが決断。わからないことは恥ではないの。賢いと思われたい、よく思われたいとか邪念は置いといて、まずは相手に頭を垂れる。もちろん事前に調べられることは調べて、知識を持った上で、わからないことだけを訊く。

また次のレコーディングはいつにするか、写真撮影はどうするか、といったスケジュールを決める話はビジネスシーンでよくあること。それって、向こうはこちらの都合を訊いた上でスケジュールを決めたいと思ってるわけでしょ。そこで曖昧に返事をしたり、放置したりすると、みんな困るし信用もなくなってしまう。もし提示された日程がダメなら代替案を出すとか、訊かないとわからなければいつまでに連絡しますと言うとか、相手が困らないような返事をすること。

返事・決断・行動の早い人は信用されるし、好かれる。この人なら安心して任せられる、と思ってもらえるからね。

そして理解力とは、相手が何を望んでいるのか、あるいは何を言いたいのかを想像できる力のこと。自分のことを考える以上に相手のことを考えて、返事・決断・行動に移せば、仕事はスムーズにいくはず。

精神アマチュア、手法はプロ

私の座右の銘は「精神アマチュア、手法はプロ」。音楽業界の大先輩が言っていた言葉なんだけど、とても心に残っている。

精神アマチュアというのは、自分が「面白い」と思うことに素直になること。自分の感性で面白いと思ったことや好ききらい、ミーハーな精神を大切にする。

仕事を長く続けていると知識や経験が増えるから、アマチュアの視点って徐々に薄れていってしまうもの。妙に斜に構えて、これをやったら恥ずかしいんじゃないかとバカにしたたり、それじゃあ採算が取れないのではないか、と始める前から考える。でも変に大人ぶることなんてしなくていい。まずは面白そうと思うもの、自分が面白がれそうなもの、楽しいことをやれということなの。

そしていざ仕事として引き受けたときはプロのクオリティでやる。これが「手法はプロ」ということ。

プロを名乗る人は、どんなときでも絶対に手を抜かない。自分が作るもののクオリティを落とさないという意地がある。常に今よりも高みを目指し、お金を得るための努力を欠かさない。これがプロの条件。私のような凡庸な書き手は、とにかく徹底したプロの条件をきちんと意識していないとなかなか続けていけない。自分を天才だと信じ込める人を羨ましく思うよ。

私は常に、歌は歌手のもの、映画は監督のもの、舞台は演出家のもの、と捉えている。

作詞家は基本的には「請負い」であり、個々の案件で雇われて仕事をするので、その作品は誰のものなのか、誰が責任を取るかということを見据え、大抵の場合は責任者となる人の意見に従うようにしている。自分のこだわりに引きずり込むなんて考えは、少なくとも「プロの職業作家」はしてはいけないと思っているから。相手が何を要求しているのかを見極めて提示し、その上でいかに自分のこだわりを貫くか。楽しく上手に妥協できるか。それをこなせることが大事になってくる。こだわりと割り切りを自分の中で上手く使いこなす。それが長く続けていけるコツ。

ただどうしても自分の考えや思ったことを貫きたい場合は、自分がお金を出す。作品に対して自分で責任を負う覚悟をします。

ストレスも溜まらない、スランプもない私

「仕事のストレス発散法を教えてください」とよく訊かれるんだけど、結局仕事で抱えたストレスって仕事でしか解消できないんだよね。特に私たちのように自分が好きで選んだ仕事をしている人間は、ストレスでさえも自身の糧だと受け止められないと、バチが当たるくらいに思わないとダメ。

私は並の才能しかない人間。でも技術力は高いと思う。スランプ知らずで、量産もでき

る。若い頃に比べて、体力も気力もずいぶん落ちてきた今日この頃だけど、今でも24時間、365日ずーっと何かを考えている。常に脳を緩い稼働状態にしておかないと、不意の発注に応えられないからね。アイデアって空っぽのところからはなかなか生まれづらいのよ。

特に成功につながる仕事には、最初からストレスがあまりない場合が多い。『残酷な天使のテーゼ』の詞は2時間くらいで書いたので、「手抜きした」「適当に書いた」みたいに言われるんだけど、それは違う。上手くいく仕事というのは全然悩まない。まさに降って湧いたようにアイデアが出てくるものなの。それを「何か（神？）が降りてきた」と表現するクリエイターも多いけど、わりとその感覚に近いのかも。まぁ私自身は「火事場の馬鹿力」と例えているんだけどね。

たまには全然書けない、何も出てこない、どうしよう！　と焦るときもある。自信喪失になりそうなときは過去の作品を聴いたり、詞を見返したりして、「自分は仕事ができる！」「私って才能あるな！」と自己暗示をかけて、平常心を取り戻しています。

自分のことを過大評価して、「大したことある」なんて思うからスランプに陥るの！

「タダでやって」と言う人たちには、どう対抗すべきか？

タダで書いて、歌って、演奏して、踊って——プロに向かってそんな無茶な要求する人が多い。「目に見えないもの」を売っている私たちは「原価のかからない仕事」をしていると思われがち。日々研鑽《けんさん》し、積み重ねているものが目に見えないと、お金がかかってないと思うのかな。キャリアをつくり上げることや維持することに、どれだけの資料代や勉強代がかかってるのか、きっと想像するまでには至らないんだろう。

料理研究家にしろ、修理工にしろ、勉強してスキルを磨き、知識や経験を活かした仕事をして、お金をもらって生きている。でもこうした専門家も必ずと言っていいほど「ママ友の集まりのホームパーティーで料理を作ってよ」「家の水道管が壊れたんだけど、ちょっと見てくれる？」のような無茶な要求をされているはず。もちろんタダで、という自分勝手なお願いの仕方でね。

もし自転車がパンクしたら、自転車屋へ行けば修理代に1000円くらいは取られる。だけど家族の自転車だったら、お金は取らないだろうと思う。そういうときに「友達でしょ？」とか言う人もいるけど、自分がその立場になったら、どう捉えるかな？

こう考えたらわかりやすいかもしれない。私が「友達だから」と詞を書いてあげることは、私があなたの経営している店に行って、「わぁ、素敵なクリスタルのグラス！　カッコいいからちょうだい！　友達でしょ？」とそのグラスをタダでもらえないか、と言ってるのと同じ。店の経営をしていたら「冗談じゃない！」と怒るよね。つまり形があるかないかだけの違いしかないの。

例えば歌手やダンサーは、歌ったり踊ったりすることでお金を得ている。もちろんその場で消えてしまうから、手元には残らない。でもグラスも、歌も踊りも同じ。みんな何かを売ってお金を得ているの。

もしタダで請け負ってしまうと、専門家は自分の値打ちを下げてしまうことになる。しかも一度甘い顔をすると、どんどんそこへつけ込んでくる人もいる。だから無茶な要求には、最初に毅然と「ノー」を突きつけるべきなの。

プロではなくても、知り合いから「〇〇さん、裁縫上手ね。私の分も作ってくれない？もちろん材料代は出すから」みたいなことを言われる人もいるだろう。でもデザインを考えたり、材料を買いに行ったり、作る手間もあるし、時間もかかる。そういうことが想像できてないの。材料代だけ出せば、同じものがポンと出てくると思ってる。

相手との関係性が近くて、こちらも職業にしていない場合は、断りづらいかもしれない。だから関係性まで壊すようなことまではしなくてもいい。やんわりと「手間も時間もかかるので、ごめんなさい」くらいで断っておくのが得策。または「ごめんなさい、簡単そうに見えるけど、これひとつ作るのに5時間以上かかるんですよ」と大変さを具体的にアピールするとか、「じゃあその間、ウチの子どもを預かって面倒見てもらえます？」と関係性をイーブンに持っていけば、相手もたじろいでそれ以上言ってこないかもしれない。

だけど「タダでもいいからやらせて」という場合は別。また「お金なんて要らない。お世話になった恩返しがこれくらいで済むのなら」というような相手も別。とにかく本当はイヤなのに安易に引き受けてしまったりすると、「この前はやってくれたのに」などと言われて、泥沼にハマるからね。最初が肝心。

もちろん会社の仕事でもそう。データを作るのが上手だからって、それが苦手な人から仕事を押し付けられるのは違う。それは「やりがい搾取」というの。仕事として、業務としてやるならやりますよ、と言えばいい。その代わり別のことをやってもらったり、その分給料を上げてもらえますか、と言えばいい。誰かのわがままに付き合って、疲弊する必要なんて全然ないからね。

きらわれることを怖がらないで、断るときは断る。大事なのは関係性と想像力。相手の要求を拒否したらきらわれちゃうかななどと思わないで、もし引き受けてしまったら自分がどうなるかを考える。だけどやると決めたなら、それは自分の判断。判断した後なら、文句は言っちゃいけない。一番最悪なのは、金勘定関係なくやる、と言っておいて、後になって「せっかくタダでやってやったのに」と言うこと。

ぶれないい人でいてください。それが「カッコいい人」と思われることの基本だから。

第四章 インスタ映えしない人生。だから楽しい

《対談》
中村うさぎ × 及川眠子

中村うさぎ
作家。1958年生まれ。福岡県出身。同志社大学卒業後、会社員を経てコピーライター、ライターとして活動。91年に作家デビューし、ライトノベル『ゴクドーくん漫遊記』シリーズで人気となる。また自身の買い物依存症、ホストクラブ通い、整形、風俗業への従事などのエピソードを赤裸々に描くエッセイも話題を集める。著書に『ショッピングの女王』『女という病』『狂人失格』『他者という病』『あとは死ぬだけ』、共著に『うさぎとマツコの往復書簡』『聖書を語る』『脳はこんなに悩ましい』『ぼくは、かいぶつになりたくないのに』、また編集を担当した『エッチなお仕事なぜいけないの？ 売春の是非を考える本』などがあり、「人の本質的な欲望とは何か？」を追求し続けている。

「インスタ映えしない人生」をさらけ出す私たち

及川● うさぎさんとはほぼ1年ぶりくらいのトークですね。以前は「なぜ私たちはバカな男に金を使ってしまうのか」というテーマで語ったんですけど。

中村● お互いにね。

及川● うさぎさんはホストに2000万円注ぎ込んでいて、私は元旦那のトルコ人に3億円注ぎ込みました。

中村● 眠子さんとは一桁違います（笑）

及川● でもうさぎさんがホストにハマってたのって2年くらいでしょ？

中村● そうですね。

及川● ウチは13年だから！

中村● いやいや、眠子さん13年も目が覚めなかったの？ え、どのへんから目が覚めたんだっけ？

及川● 目が覚めたっていうか、離婚時まで目は覚めてないよ（笑）

中村● じゃあ13年も目がくらんでたんですね！

及川● 目がくらんでたっていうより、結婚したときはもう保護者だったからね。

中村● あー。

及川● だから息子みたいなもんで。だから好きで好きで、っていう感じではないよね。責任取らなきゃっていう。

中村●無駄な責任感ね。

及川●そう、無駄な責任感（笑）。結局目が覚めたのは向こうに女ができてて、離婚の2ヶ月後に結婚して。それがわかったときには「おいおい」と思ったけど、面白い体験を金で買えたからまぁいいか、っていうね。

中村●3億でね（笑）。まぁ私も2000万で面白い体験を買わせていただいたんで。

及川●元取ったでしょ？

中村●あのネタで2000万も稼げたかな？ 当時は前借り前借りで、その後出たホスト関連の本の印税はもうとっくにホストで使ってたから、いくら書いても収入がないっていう（笑）。前借りしてるっていうのはわかってるんだけど、「こんなに書いたのに一銭も入ってこない！」みたいな感じでしたね。

及川●確かにね。でも借りてるんだから返さないと（笑）。その前って買い物依存症で借金してなかった？

中村●してました、してました。買い物依存症でもしてたし、それを返しつつやってるうちに、ホストにハマって。だから返しても返しても前借りしていくという自転車操業でした。

及川●あれ？ 整形とどっち先でしたっけ？

中村●あ、整形のほうが後ですよ。ホストへのリベンジのように整形してね。昔なんかエステの宣伝でフラれた女が自分の顔を鏡に映してさ、「ぜったいキレイになってやる」っていうCMあったじゃないですか。

及川●坂井真紀ちゃんが出てたやつね。[※1]

中村●そうそう、そんな感じでね（笑）。で、今日のテーマは？

及川●今日のテーマは、最近みんな「人からきらわれる恐怖」がすごく強いな、と思ってて。それを感じたのは、吉田豪さんのツイッターにダイレクトメッセージ（DM）を飛ばした10代の子が、なんで返事しないんだ、このまま黙ってるんならお前のこと嫌いになるぞ、って書いてて。

中村●いいよね、別に（笑）

及川●それに対して豪さんは、「DMの返事をしなくて10代男子に嫌われてもダメージ皆無です！」と書いてました（笑）。それを見ていてね、世の中の人ってこんなにきらわれることを恐れるんだな、と思ったの。同時に、きらわれることをなんとも思ってない人がこの世にいるってことが、そういう人たちには信じられないんじゃないかと思って。で、うさぎさんも私も「きらいだったら別にきらいでいいじゃん」という人だと思ってるのね。なので、人の「きらい」ってことを見極めることについて話したいなって。

中村●なるほどね。眠子さんもきらわれるのは平気なタイプ？

及川●平気！

中村●きらわれることに慣れちゃいましたよね。私は少なくともそうです。最近は全然見ないけど、昔たまに「2ちゃんねる」をうっかり見ちゃったりすると、「みんな私に会ったこともないのに、こんなにも私のことがきらいなのか！」と思ってしみじみしちゃってさ……傷つきはしないんだけど、会ったこともない人をこんなにきらいになれるのってすごいなと思って。

及川●すごいよね。

中村●私も人の好ききらいは激しいほうだけど、でもそれは実際にその人とリアルな人間関係があって、「なにコイツ？」と思ったからきらい、という理由がある。でも会ったことない人に対しては「あの人の意見には反対だな」とか「あの考え方ってどうだろう」と批判的にはなっても、きらいという気持ちにはならなくて。あとは私が病気になって死にかけたり、※2足が不自由になったり、その病気のときに飲んでた薬の副作用で一時期顔がパンパンに腫れちゃったりしたときがあって、「中村うさぎ、整形顔崩壊！」とかってめっちゃ嬉しそうにスレが立ってたの。人が病気だって言ってるのに、それをこんなに喜ぶほどきらいなんだなって。私は会ったこともない人が不幸になればいいとか思ったことないなぁ、って。

及川●ていうかさ、そもそも興味ないよね？

中村●興味ない。

及川●好きときらいって、わりと背中合わせで、好きの反対は「興味ない」だと思うの。

中村●そうだね、無関心だね。

及川●うん。で、きらいって、ともすれば好きになったりするじゃない？　私ね、本当に自分の人生においてね、辻仁成に好感を抱く日が来るとは思わなかったの。

中村●辻仁成には会ったことないけどね。

及川●私も会ったことないんだけど、ＥＣＨＯＥＳでの音楽活動だったりとか、中山美穂にパリのシャルル・ド・ゴール空港で「やっと逢えたね」なんて言ったりしたエピソードとか、そういうのが「うわぁぁぁ、なんか嫌な感じ！」とかそういうのはあったの。

中村●キザな男、みたいなね。

及川●でも別に、きらいだから敢《あ》えて触りに行くっていうのはないし、辻さんの本も読まないんだけど、離婚してから子どものことをツイートしてたりするのよ。それがすっごい好感持てるんだよね。だからきらいとかイヤって、どっか自分の心が引っかかってるってことじゃない。好きと同じで。だから反転するものだなと思ったの。でも興味のない人ってずーっと興味ないんだよね。

中村●確かに。きらいっていうのは「執着」だよね、「憎い」って思う。

及川●そう。でもなんで会ったことがない人に対して憎しみを抱けるんだろう、っていうね。

中村●すごいよね。

及川●ツイッターとかのSNSをやってると、そういう感情ってモロに出てるよね。クソリプが戻ってきたりすることもよくあるけど、「傷つけてやろう！」っていう一心で私を罵ってくる人がいたりする。

中村●眠子さんのこと大っきらいなんだろうね。

及川●大っきらいなんだと思う。でもすごいなこのパワー、って思うわけ。私はものを書いて、自分の名前や作品が世の中へ出ていく仕事じゃない？　だからむしろ私が書いたものに対して「きらい」って言ってくれると「おー！」と思うわけ。きらいな人がいる一方で「好き」っていう人が絶対いるから。でも誰にも引っかからずにスルーされると「ああ、あんまりいいものじゃなかったんだなぁ」と思っちゃう。きらいっていう人が多いほど、作品って売れると思ってるし。

中村●それは前ね、少年マンガ誌の編集者から聞いたことがあって。よく雑誌にアンケートが付いてるじゃない。この雑誌の中で好きなマンガ3つときらいなマンガ3つ挙げてください、って。それできらいのベスト3に入る作品は、どんなにきらいな人が多くても絶対打ち切りにならないんだって。それだけきらうほど読んでる人がいる、ってことだから。

及川●だってきらいな芸人とかいったって、出川哲朗とかよく1位になるけど、いなくならないじゃん。あとはデヴィ夫人とか。

中村●面白いからね（笑）

及川●面白いんだよ。だからそれだけ人の琴線に触れるというか、何かインパクトがあるんだろうね。

中村●「何か」に触っちゃうんだろうね。

及川●そう。だからきらいっていう感情が生まれるんだけど、今ってきらいって言われることをすごく恐れる。そうすると反発が怖いから、みんな無難なことしか言わなくなるし、陰でチクチク悪口を言ってるくせに愛想よく笑顔を振りまいたりする。でもなんでこんなに怖がるんだろう?

中村●私が知り合いから聞くのは、職場とかできらわれたりハブられたりするとツラいから、ということだね。その気持ちはまあわからないでもないんだよ、だって働いているのがツラくなっちゃうじゃん。それできらわれたくないから自分の意見も言わない、みんなの顔色見て、ビクビクして、ちっとも職場の交友関係を楽しめないんだって。ただそういうふうに人の顔色を見て無難にしてたら、きらわれないかもしれないけど、好かれもしないからさ。結局何かの集まりとかで「あ、いたの?」って感じになっちゃう。

及川●きらわれないように無難にして、そんなこと思ってもいないのに「そうですねぇ!」とか言ってる人のことって見抜かれるから、余計にきらわれるっていうのもあるよね。

中村●心の底から言ってないのがわかっちゃうんだよね。じゃあ「きらわれることでもっと楽に生きていこう」みたいな。

及川●そういうことを「気にするな」って言っても気にするんだよね、きらわれたくない人って。でもさ、自分にもきらいな人がいるように、相手も自分がきらい、っていうのはあると思うんだ。

中村●でも自分の好きな人にはきらわれたくないよね?

及川●まぁね(笑)。ただ、きらいは反転するかもわからないから。

中村●そうだね、もしかしたら自分が相手のことをきらいになっちゃうかもしれないしね。今の人を見てると、インスタグラムとか……インスタやってない私が偉そうに言うのも何だけど(笑)、「インスタ映え」という言葉があるじゃないですか。なんかみんなに「キラキラした自分」を見てもらいたいみたいな願望があってさ。それってきらわれたくないということとつながってると思うんだけど、みんなに羨ましがってもらいたいとか、みんなに「わぁ、素敵」って肯定的に承認されたいみたいな願望だと思うんだよね。

及川●うんうん。

中村●でも私なんてさ、そういうのを「どうせ嘘っぱちだろ」とか思いながら見てるの。ツイッターとか見てて、お昼ご飯とかを写真で上げてる人を見て、お前が何の昼飯食ってるかなんて興味ねぇよ！　とか思うんだけど……まあ場合によっては「美味しそう！」って心を動かされることもあるんだけど（笑）。まあでもたいていはさ、どっかのハンバーグ定食だったり、遠い街だから行くこともない店とかで、「ふーん、よかったね」くらいの感想しかないからさ。

及川●あと自分が作った朝ご飯とかね。

中村●あるね！

及川●毎朝作った弁当の写真を上げてる人とかいるよね。

中村●私のために作ってくれるんだったら、そりゃ興味を持つけどさ！（笑）だってその人が朝ご飯何作ろうと、私に関係ないじゃん。でもそういうので、みんなに「すごいね」って思われたいとか、いいお母さんだと思われたいとか。人気者になりたい、っていう願望なのかな。

及川●前に、くらたま（マンガ家の倉田真由美）さんとうさぎさんがトークをしてたときに、くらたまさんの服装がダサいって話になって。

中村●ダッサイんだよね！　どこで買ってんの、って思うくらい。まあ「しまむら」らしいんだけど（笑）

及川●あとメルカリ（笑）。で、彼女は「私は自らダサい枠に入ってる」って言ってたの。それは例えばママ友のグループで、妙に浮きたくないとか、きらわれたくないとかあるらしくて、「ダサい」って人から見下されることで、きらわれるとかいじめられることを回避してる。私はあなたたちよりも何段階か下ですよ、ってやるの。人はどうしても優越感に浸りたいし、「私はこの人より上」って思いたい。でもくらたまさんって一橋大学出て、美人でアタマいいしさ、マンガ家でテレビにも出ていて、羨ましがられるわけじゃない。だからダサい服装で、それに対する嫉妬心を回避してる。攻撃するのってほとんどが嫉妬心だから、敢えてダサい枠に入ってるわけだけど、そう考えると、うさぎさんも私もどの枠かっていうと「バカ枠」じゃん？

中村●あと「ダメ女枠」ね（笑）

及川●バカな男つかまえるとかさ。それで「バカ」って言われて。だけどうさぎさんは売れっ子作家で、私だって作詞家で稼いでるわけだから、そういうところのねじれた嫉妬心を「バカ枠」と「ダメ女枠」で回避するっていうズルさはあるよね。

中村●私はこれを「姥皮」って呼んでるんだ。

及川●うばがわ？

中村●日本の民話で、若い女の子が継母にいじめられて、家を出て夜中に山を彷徨《さまよ》ってると山姥《やまんば》に会うんだよね。それで「そんなに若くてきれいな顔で街へ出ていったら不幸な目に遭うから、これをかぶりなさい」って、かぶると醜いお婆ちゃんになる姥皮っていうのをもらうわけ。それで醜い老婆として飯炊き女みたいなのになってさ、一生懸命働くから主人に可愛がられて。そうこうするうちに、主人の息子が彼女が姥皮を脱いでお風呂に入ってる姿を見て心を奪われて、やがて長者の嫁になるみたいな玉の輿《こし》、日本版『シンデレラ』みたいな話でね。

及川●へー。

中村●でも欧米と日本の違いを感じるのは、『シンデレラ』はみすぼらしい何の取り柄もない女の子が魔法でお姫様になって、ドレスや馬車を誂《あつら》えてもらって王子様に見初められるんだけど、日本は逆で、もともと美人で若いのにわざとババアの姿になって、まず働いて人間性を見てもらってから、というのが面白いなって。日本って同調圧力が強い国で、他人よりも突出すると嫉妬を買うから、自虐というか、慎ましくしていなさいみたいな教えがあるじゃない。

及川●あるね。

中村●私は女子校時代に、仲のいい女友達3、4人と週末渋谷に遊びに行ったりしてたんだけど、そこでナンパされるんですよ。でもどの子が目当てなのか、男って単純だからわかりやすいじゃない。そこでたまたま自分がモテてしまったときに「あー、モテてしまった!」と焦るの。それで、あとで友達にどう思われるかとかをすっごい気にしてしまって、わざと男の子にモテないよう腹の肉を見せるとかしちゃう。

及川●自虐ね。

中村●そうそう。「こんなに腹がつまめるんですよ!」ってやると、男の子も「そうなんだ……」みたいな顔になる。女同士の中でも出る杭は打たれるから、うっかりモテちゃったとか、誰かに褒められるとか、自分で意図しないことで突出してしまった瞬間に、慌ててそれを相殺するかのようにマイナス要素のことをする。やっぱり突出することは決まりが悪いから。それで眠子さんも豪さんもそうだけど、有名だってことだけで人から突出してるわけじゃない? だから嫉妬を買いやすい。そこで眠子さんは姥皮を敢えてかぶって、「私は売れっ子作詞家だけど、トルコ人の旦那に3億貢ぐようなバカ女」って言っちゃう。

及川●でも敢えてっていうか、事実だからね。ここで「そんなことないの、彼との愛だけは本物だったの!」とか言うとさ、自分が気持ち悪いよ(笑)。だって働いて金が入ってきたんだから、それを好きに使ったっていいじゃない、それを世間が「バカ」と言うならバカで結構! みたいな。

中村●迷惑かけてないしね。

及川●そう、どっちかというと、開き直りに近いんだけどさ。

中村●でもさ、眠子さんが3億貢いだとか、私がホストに2000万貢いだとかいう黒歴史ってさ、女として恥ずかしいことじゃない、世間一般では。まあ、私は全然恥ずかしくないんだけど（笑）

及川●私も（笑）

中村●ね（笑）。ネタができたみたいに思うけど、まあそれは職業柄だからさ。でも普通の人はさ、若い男に騙されて貢いだ挙げ句に捨てられました、って話は秘密にするんじゃないの？　陰で笑われたくないから。

及川●うん、秘密にすると思う。でもね、「眠子さんには言うけど……ウチの前の旦那に借金があって、私が返したの」っていう話をしてくるのが何人かいて。なんで私に言うかっていったら、私のほうがヒドいと思ってるから（笑）。目クソが鼻クソを貶してるようなもんで、「自分よりコイツのほうが汚い、だからこの人には話せるわ」っていうのがあるみたい。

中村●やっぱり陰でさ、「あの女さ、偉そうなこと言ってるけど、自分より20歳以上若い男に入れあげて、金巻き上げられたらしいよ」みたいに思われるのって、みんなすごい恥ずかしいんだよね。できればみんなにチヤホヤされる「インスタ映えする人生」を送っていたいわけじゃない。でも誰もがそんな人生なんか実際には歩めないし、インスタ映えしない部分を隠して生きてる。表面上はいい奥さんやってて、いつまでも若くて素敵ねとか言われたい、みたいなね。でも私たちってさ、むしろインスタ映えしないものがネタになるじゃない。とんでもないことがあると「この経験、美味しい！」とか思っちゃうじゃん。他の人がズッコケた話を聞くと、「なんでそれが私に起こらないの！　悔しい！」って思っちゃう（笑）

及川●そう。むしろ「羨ましい！」とか思っちゃ

う（笑）

中村●そうやって自分の恥ずかしい「インスタ映えしない部分」を隠すから、何かが露見したときに百倍言われるんだよね。最初っから「私の人生、全然インスタ映えしないんですよ」と言っちゃえば楽なのに。私なんか買い物依存症で、シャネルに金注ぎ込んでたじゃん。それでみんなからバカだって思われている私が次にホストにハマったところで、世間は「ブランド物からホストか。ますますバカなんだな。ホストは質草にもならないのに」って思うわけじゃない。でもそのほうが楽だよね。何か期待されて、「うさぎさんって素敵ですね」「うさぎさんみたいな人生を歩みたいです」とか言われても困るし……まあそんなこと言う人はいないんだけど（笑）

及川●「ウソつけ！」だよね（笑）

中村●ホントホント。でもさ、やっぱりインスタ映えする人生だけをみんなにアピールして、私こんなに充実してます、みたいなことをやってる人ってさ、心に溜まっていく泥みたいなものをどうやって処理してるのかなって思うよね。

及川●その汚い泥みたいなものって、匿名でのネットでの攻撃性に向かうのかもよ。

中村●表面的に取り繕って、いかにも自分に満足して自己肯定もできていて、自己実現もしてます、みたいな顔をしているけど、インスタ映えしない部分がいっぱい溜まってくると、調子に乗ってるように見える私や眠子さんみたいな人に向かって「調子に乗るな、ババア！」みたいになるのか。

及川●私らは、インスタ映えしないこともさらけ出してるからね。

中村●もしかしたら、その「インスタ映えしない」ってことに怒りが湧くんじゃないの？

及川●ああ、向こうからしたらグズグズのご飯作って、それを載せてるようなものなのか。

中村●こんなうんこみたいなカレー作っちゃいま

した、みたいなヤツね。

及川●それは私らにとっては「ここまで汚ないんだったら逆にネタになるから載せよう」っていうことなんだけど、そういうことが信じられないんだろうなぁ。しかもそれで私らが「いいね」を押されたりするのが悔しいのか（笑）

中村●「私はこんなにインスタ映えを目指して必死に生きてるのに、このうんこみたいなカレーでみんなにいいねされて、コイツらなんなんだ！」みたいな……なるほどね、それはあるね。

及川●そりゃきらわれるよね、そういう人たちからは（笑）

※1……1992年に放映されたエステサロン「TBC」のCM。竹内まりや『元気を出して』をBGMに、洗面所で坂井真紀が鏡を見ながら「ぜったいキレイになってやる。ファイト」と言う。

※2……2013年8月、突然の体調不良で入院、一時は心肺停止に陥り危険な状態となるが、持ち直して退院した。

ちょっと傷ついたくらいで「トラウマ」と言うんじゃない！

中村●でもさ、そうやってみんなが必死に目を背けている部分を体現しているみたいなところが眠子さんにも私にもあるのかもしれないよね。だってさ、そりゃ2000万とか3億とか貢がなくても、バカな男に騙されたりとか、「なんであんなバカな男にハマってたんだ、私のバカバカ！」みたいにさ、夜中に地団駄を踏むような恋愛体験のひとつやふたつ、あるわけでしょ。恋愛に限らず、いろんな恥ずかしい失敗とか。

及川●あるはずだよ。「どう見てもバカじゃん」という男と別れた後で「男がバカだった」ということを肯定できない女って結構いるよ。

中村●別れた後も「彼はバカじゃない」って擁護するのね。

及川●そう、それを「バカでろくでもない男」って言ってしまうと、自分の過去や男を見る目も否定されると思うからなんだよね。この男を否定することで、自分も堕ちてしまうと。だから「人はそういうふうに言うけど、彼はとても優しかったの！」とか言うんだけど、そりゃ金くれる人には優しくするよ（笑）。餌くれると思ったら犬だって尻尾振るんだし、それと同じって思うんだけど。

中村●あとさ、彼に愛されてたっていう記憶を「物語」にしたいんだろうね。それはすっごいわかる。私の知り合いもさ、どう見ても騙されて利用されてたんだけど、彼女の中では「でも愛されてた」って物語にすごい固執しててさ。自分がそう信じたい、あれは愛だったんだって信じないと生きていけないっていうか、そう思わないと今にも手首切って死んじゃうかもしれないから、愛してた話にしちゃえって。みんな自分の人生を語るときってさ、ウソをついてるつもりなくても、物語化するじゃん。

及川●話を盛るよね。

中村●そうそう。「こういうことがありました」って事実はあるにせよ、そのあったことをどう解釈するかなんだよね。相手が言ったことや、してくれたことのエピソードがあったことは間違いないんだけど、愛として解釈するのか、彼の人間性の至らなさとするのか、それはその人次第でどうにでも物語は作れるじゃない。そうすると自分が悲しくなる物語はさ、みんな作りたくないわけだよね。人に語りたくないのはもちろんだけど。

及川●でもその悲しみって、笑いに転化できるんだけどねぇ。

中村●私らはね（笑）。なかなかそこはね、自分で自分をバカにできるのって難しいよ。眠子さんはさ、どうしてそういう人になったの？　私の自虐はもう本当に「女子校スキル」だと思うの。私、中高と6年間女子校だったからさ、周りから浮かないようにすることばかり考えてたような節があるんだよ。みんなと上手くやっていくためにね。だから「きらわれるのは平気」と言いながら、私の自虐はきらわれるのが怖いところから始まったから、もともとは愛されたい自虐なんだよね。それが高じて、今は自虐できらわれてるんだけどさ(笑)。眠子さんはいつ頃からそういう自分の恥ずかしいところとかをさらけ出せるようになったの?

及川●私は共学だったから、学生時代はそれはなくて。私は作詞家になってヒットを出した後、プロデュースをやりたかったことからかな。私のもともとの性格はものすごい人見知りで、人ぎらいなの。

中村●ホント? 人見知りには見えない!

及川●でしょ? 今も実際、知らない人には話しかけられないから。でもそうだと、プロデュースってできないのよ。人見知りだと仕事が進まないし、その場を仕切るために強いことも言えない。だからこれじゃダメだと思って、徐々に変えていったの。作詞家がプロデュースをする、ということはサウンドがどうこうとかわからないわけよ。ミックスの音を聴いたってわからないの。エンジニアは「ピッチは合ってます」とかって言うけど、わからない(笑)。それなのに変に悩んで「う~ん……」とかやるより、「ダメ、わかんな~い。私は無知だから、あなたに任せる!」みたいに、人を仕切るのにはある程度自分を貶してやるほうが楽だとわかったの。自分が一歩退いて、人を転がせばいいんだって。そこから徐々にかな。

中村●それは何歳くらいのとき?

及川●20代後半。正直にわからないことはわからないと言えれば、「じゃあ俺がやっとくよ」となる。そうやって持っていくほうが絶対楽なんだよ。わかったふりをするよりも。

中村●なかなかそれもできない人いるよね、「わかりません」って言えなくて、知ったかぶりしたりをして厳しい目に遭うとかね。

及川●それは人を見ていて学んだ部分もあるかな。現場は男の人が多いから、「女に何ができるんだよ」みたいにきらうんだよね。そこで悩んじゃったりすると、「ほら、女はやっぱり結論が出せないんだ」とか言うわけよ。男だって悩んでるのに！　でもそこで正直に「わからない」って言うと、それが決断だったり判断になる。それで仕事が終わってからスタッフに言われたのは「女で、しかも作詞家にプロデュースなんてできるのかよって思ったけど、ものすごいやりやすかった。今度仕事あったら呼んでね」って。みんな「わからない」って言ってくれないんだって。でもそう言えるのって、どっかで自分を貶してるから。上から目線で「おまえがやれ！」とか言ったってさ、人は動かないでしょ？　だからこれは私の処世術のひとつだね。

中村●女の人やゲイも自虐系って多いよね。マツコ・デラックスとかも自虐するじゃない。なのにさ、おじさんで自虐が全然ない人っているじゃん？

及川●いるいる！

中村●あれって本当に不思議で、「この人どうして今まで生きてこれたんだろう？」って思うわけ。恵まれて生きてきたんだろうね、自虐の必要なかったわけだし。

及川●自虐という意識さえもないのかもね。そういう人に限って「俺は誠実だ」と言ったりするよ。誠実に、真面目に生きてきた、とかね。

中村●そうなの？……真面目ねぇ。真面目とは何かっていう話だよね。毎朝会社行ってる、とかなのかな。まあそういう意味では確かに真面目なのかも、私たちよりは（笑）

及川●確かにね。私は毎朝起きる時間違うし（笑）

中村●だけどさ、さっきのインスタ映えの話じゃないけどさ、最近はみんな自虐をどこに置いてきちゃったの？　って思うよね。

及川●女の人でも自虐がない人いるよね。「おキレイですね、相変わらず」なんて褒められると、「私なんて全然ダメなんですぅ、方向音痴でおっちょこちょいで」とか言う人いるけど、「その程度で自虐なのか？　もっと貶《おとし》めてみろよ！」と思う。

中村●本当におっちょこちょいなら3億貢いでみろ、ってね。

及川●そう（笑）。どうせバカですから、みたいなところがないのよ。

中村●「おキレイですね」って言ったら世の中の人は喜ぶんじゃないかな、って思ってる人が多くてさー。

及川●うさぎさんは「はい、整形ですから」って言っちゃうんだよね（笑）

中村●そう（笑）。私さ、自分のこと全然キレイだと思ってないのに、「おキレイですね」ってめっちゃ社交辞令で言われてもねぇ。だから「整形です」って言っちゃえるようになって、楽になったよ。

及川●「お若く見えますね」もみんな喜ぶと思ってるよね？

中村●そうね。若くて美しく見える、って言えば女はとりあえずそれでいいだろうと思ってる人多いからさ。それは男の人だけじゃなくて、同性でもそう言っときゃいいだろ、みたいなのがある。全然キレイじゃないのにそんなこと言われると、前は「本気で言ってるんですか？」とか聞きたかったんだけど、あんまり知らない人だから聞けないしさ（笑）。だからなんて答えたらいいんだろうって考えて、ここで「ありがとう」とか言うと「勘違いしてんじゃねーよ、ブス！」とか心の中で思われるんじゃないかとか、「全然美人じゃないですし」なんて言うと「いや、そんなことないですよ」と延々話が続いて「もういい加減にしろ！」ってイライラしちゃうからさ。その点「整形ですから」って言うと、みんなもうその話には触れなくなっちゃうんだよね。あー地雷踏んだ……みたいな。でもキレイだと思ってないのに、なんで「キレイですね」って言うんだろうね？

及川●お世辞？

中村●私は「キレイだな」と思ってもあまり言わないもん。言われた人が決まり悪いんじゃないかな、って。

及川●私は本当にキレイだったら言うけどね。中途半端な人には言わないよ。あ、そうそう「ウチのイケメン紹介するから！」とか言う人いるでしょ？　それで連れてくるのって、たいていイケメンじゃないっていう（笑）

中村●そうなの！（笑）　それホントに言いたい！　私は本人の前で「そうでもないよね」とか言っちゃったことあるよ。

及川●私も何回もある（笑）。でもさ、「イケメン」って言われた子たちってさ、わりとシレッとしてるんだよね。

中村●ホント、図々しい話でね！

及川●私なんて「はぁあああ？」と思うんだけど。

中村●ちょっとは自虐しろよって思うよね。

及川●「いやいやいや！」とか言えよ、って。

中村●ああいうのって自分でもイケメンだと思ってるんじゃないの？

及川●思ってるのかなぁ？　イケメンって、どっからイケメンだと思う？

中村●結構みんなね、図々しいよ。私は一時期ホストクラブにしょっちゅう行ってたじゃない？　もちろん王子様みたいなホストっているわけよ、美しい顔しててシュッとしてて。でもそんなのはほんの一握りで、中には「なんでお前がホスト？　ちょっと待って、なんで私はあんたに金を払わないといけないのよ！」って人もいるわけよ。しかもそういうのに限ってなぜかすっごい自己評価高いの。だからよく「図々しいなあ」って思ってたよ、イケてないホストを見て。

及川●そういう人って、ナルシストが多いよね？

中村●そうなの！

及川●前髪でなんでもごまかそうとするなよ、って感じの髪型で（笑）。

中村●なんか俺ってイケてる……とか思ってるよね。あの自己評価の高さはどっから来るんだろうね？

及川●他人と比べることをあんまりしないのかね？

中村●あー、人から言われたことを鵜呑みにするのはあるかも。全然似てないし、お世辞なのに「俺、キムタクに似てるって言われちゃったんだよね」みたいなこと言うんだよね。そりゃキムタクみたいな髪型してさ、キムタクみたいな服着てたら、「この人、キムタク好きなんだな、目指してるんだな」ってこっちにも伝わるから「キムタクに似てますね」とか軽いお世辞で言うかもしれないよねぇ。まあ私は言ってあげないけど（笑）

及川●私も言わない！（笑）

中村●あとはさ、おじさんなんかでもさ、すっごい鼻毛出てるのに、モテてしょうがない自意識のおっさんとかいるじゃん？

及川●いるいる。あとは「若い頃は痩せててイケメンだった」自慢もある。

中村●そんなことどうでもいいよね！（笑）私だって若いときはもっと痩せてたよ！　なんかそういうようなさ、自虐をしない人たちって、なんか少々のことでものすごく傷ついたりするよね。自己評価が無駄に高くて、他人の評価を鵜呑みにしてさ、自分ってイケてるかな、私って可愛いかな、っていう鼻っ柱を他人から折られたくらいで、と思うんだよ。まあ眠子さんとか私みたいなババアからパシャンと折られたらすごい傷つくだろう

な、とは思うんだけど（笑）

及川●ホントにすぐに傷つくよね。

中村●私は姥皮の自虐っていうのを、みんなにきらわれたくないとか、攻撃対象になりたくないという自衛のほうで使ってるけど、勘違いしてる人ってさ、自衛している方向が私と真逆なんだと思う。自分が本当は全然イケメンでもない、可愛くもないことから目を背けて、心の中にドロドロしたものを抱えてるのを自分でも見ないし、他人にも見られたくない。それを誰かに指摘されたりすると、すごい傷ついてしまう。

及川●あるある。

中村●それで傷ついた話をすぐ「トラウマ」って言うのよ。「私、トラウマになっちゃってぇ」とか。ベトナム戦争から帰ってきたとか、生きるか死ぬかの状況で、目の前で親友が爆弾で吹っ飛んだりしているの見たという人だったら「そりゃトラウマだし、PTSDにもなるわ」って思うの。

でもちょっと男にフラれたとか、ちょっと友達に意地悪されたりとか、それくらいでトラウマって言うなよ、って思うんだよね。自分が傷ついた体験をトラウマだって喧伝して、私は傷つきやすいです！　ってことを錦の御旗みたいにいくら振りかざしたところで、人間っていうのは傷つくものなんだよね。

及川●そう、生きてりゃ誰でも必ず傷つくのよ。

中村●私も眠子さんも「きらわれることなんて平気よ」とか言ってるけど、あんまりひどいことをネットで書かれてたりすると、胸の辺りが痛かったりさ、そういうことって当然あるわけじゃない。人間だからさ。でもそれも込みで私が引き寄せた事態だし、私がこういうキャラであることで憎んでる人やひとこと言いたい人がいるのもわからないでもない。だからそうやって傷ついたりするのって人生に織り込み済みだと思っておかないといけない。だいたい人と恋愛したら、ラブラブしてるときはいいけど、そんなの最初のうちだけで、何ヶ月か経てば「なんだお前！」ってなるしね。

及川●もう恋愛なんて傷つけ合いだよ、ほとんど。それがだんだんお互いを傷つける気力も体力も失せてきて、ぼんやりといい夫婦になるというか。

中村●やっぱり人間関係って傷つくものじゃん。

及川●傷つく。人と関わるとね。

中村●傷つけられたら痛い思いをするけど、それはもうしょうがないな、って思わないと。自分だって知らない間に誰かを傷つけてることもいっぱいあるわけで。でもそれはもうお互いさまでさ。思わず傷つけてしまったこと、無自覚に傷つけたことが判明したら、今後気をつけようと思えばいいわけだし。しかも世の中には自分のことをきらう人もいるし、自分と合わない人もいる、自分ならやらないことを平気でやる人だっていっぱいいるんだ、って思えばいいだけのことで。

及川●そう。人はそれぞれ違うからね。

中村●そうやって人それぞれの価値観で生きてるのに、それを自分と同じにしろっていうのも無理だしね。自分にだって人からはみ出した部分はあるわけだしさ。だからその辺でぶつかり合ったりして生きていくのが普通なんだと私は思ってるけど、あまりにも傷つくことを恐れすぎて、トラウマトラウマって騒いでさ、そういう人が「きらわれたくない人」なんだろうなって。人からきらわれると自分が傷つく、って。

及川●そういう人って、交通ルールを守って歩いていたのに、いきなり車に轢《ひ》かれたみたいに思っちゃうんだよね。「私は悪くない！」って。でも人間関係って、０対１００ってないと思うのよ。

中村●ない。確かに「私悪くない！」って言う人、多いよね。やっぱり人のせいにするとさ、自分が楽だからねぇ。

及川●楽だけど、そうすることで余計傷つくんだよ。「これは私の責任」って思えたほうが、よっぽど楽だと思うんだけど。

中村●私にも非がありました、自分がバカでした、って思うことが難しい人っていいるんじゃないかな。たぶん自分の中に「自分像」っていうのがあるんだと思うけど、最初は自分のことってわかってないから、ちょっと高めのセルフイメージみたいなのがあって、私はそんなことしないし、バカなこともしないし、思い描いた理想像にできるだけ近づけるように生きていこう、と若いときは考えたりする。高校生くらいまではさ。でもやっぱり社会に出たりして、たくさんの人と接していく中で、必ずしも理想的な自分にはなれないし、そもそもそんなことは無理なんだなってことがわかって、自分像を軌道修正していくんだよね。何度も描き直していく。最初は背中にバラを背負ってるようなさ、少女マンガみたいな自己像をキャンバスに描いてるんだけど、それがだんだんリアルな自己像に近づいていって、ここにシワありますよ、口元が歪んでるな、とかって修正して、それが良くも悪くも自分だなってところに落ち着くのが人生ってもんだと思うんだけどさ。

及川●あとさ、「本当はキレイなのに」って、まるで自分が姥皮をまとっているみたいに思ってる子もいるよね。でも、ある日突然『みにくいアヒルの子』になる（笑）。

中村●小さい頃くらいはそういう夢を見させてあげたいと思うんだよね。小さい子にさ、人の顔なんて大人になっても大して変わらないんだよ、親の顔見てみろ！ なんていきなり言うのは可哀想（笑）。だから小学生くらいまでは「俺はいつか大物になって羽ばたく」「私はとても可愛い」くらいの夢を見てても構わないよね。

及川●そうね。その土台があった上で、その先の中学生や高校生くらいになったら、自分は世間のいう美醜の中では、どっちかというと「醜」のほうだなって思ったら、自分像を軌道修正して、

「じゃあせめて愛嬌だけは負けないようにしよう」とか思えばいいんだよね。

いかに上手に「受け身」を取れるか——きらわれても生きていける"処世術"とは？

及川●あと不幸だなと思うのは「私がいつか本気出したら……」みたいなこと言う人いるじゃん。

中村●いる！　早く本気出せよ！　って思うよね。で、結局本気出さないうちにおっさんになりました、みたいになる。

及川●私の周りで結構多いのが「小説家になりたい」と言う人。でも訊いてみると、全然書いてないんだよ！

中村●いるね！

及川●今は書くときじゃない、とか言い訳だけはいっちょ前にしてくる（笑）

中村●私の前の旦那がそうだったな。彼はコピーライターで、同業者同士で結婚したんだけど、「俺はいつかすごいものを書く」って言ってた。それが小説なのかどうかは、信じてなかったから聞かなかったけど（笑）

及川●（笑）

中村●コピーライターの仕事って広告の文章書くのが仕事だけど、テレビのCMになるような華やかな仕事ばっかりじゃなくって、取扱説明書を書いたりとか「誰が書いても一緒じゃね？」みたいな地味な仕事があって。でもそういう仕事をしないと生活していけないわけ。私は地味な仕事でも構わなかったんだけど、彼は「こんな仕事をやっていたら、書きたいものが書けない」って言ってて。結婚した当初は私もバカだったから「そうなのかな」とか思って、「じゃあ生活費は私が頑張って稼ぐからさ、自分の書きたいものを書けばいいじゃん」って言ってたんだけど……まあ書かないよね（笑）。「メシがまずい」とか、ただのぐうたら男になり下がって……っていうか私の目がくらんでただけで、最初っからそうだったんだけど（笑）。やっぱりそういう「いつか俺は」みたいなのを持ってる人って、一生そのままだよね。

及川●一生そのままやらないと思う。

中村●今でも前の旦那は「いつか俺は」とか思ってるのかなぁ。

及川●「小説書いているんだ」「作詞してるんだ」って言う人に、じゃあコンペでも何でも出せばいいじゃんと言うと、「そういうのじゃないんだよ」って言うんだよね。そういうところに出すと結果がわかるから、それで傷つくから出さないんだよね。絶対に落ちるから（笑）

中村●落ちるね。傷つきやすいよねぇ、みんな（笑）

及川●そうやって評価されるのが怖いから、誰かがチャンスを与えてくれると思ってるんだよね……でもさ、そんなオファーが来るわけないじゃんね。

中村●そういう人たちはさ、やっぱり自分が傷つくことを恐れてずっと生き続けるわけじゃん。それでそうやって一生懸命自分の人生を取り繕ってさ、「今の俺は仮の姿で、いつかビッグになるから」みたいなことを言ったりするんだよね。そして最近はさ、今の自分に満足してます、すごい満たされてます、幸せです、っていうのを世間に文章や写真でアピールすることで、現実の自分に傷つけられることを防いでいる人もたくさんいる。

及川●そうやって自分の理想の「夢のお城」を作って、その中にこもっちゃうんだよね。

中村●そこでは私はマリー・アントワネット、みたいなね。まあ私もマリー・アントワネット病みたいなところがあるから、その人たちの気持ちはわからないでもない。だってそうじゃないと、シャネルなんかにハマらないじゃん。「私はシャネルを着てるのよ！」っていう顔をして麻布を歩きたかった、というただそれだけの理由でシャネル買ってたわけだからさ。

及川●そういう部分は私にもあるよ。

中村●眠子さんってどこで見栄張るの？

及川●私は作詞家としても女としても王道で勝負すると他の人たちに負ける、ってわかってるの。自分は程度でいうと「カローラ」くらいなんだよ。だから高速道路を走ると、性能の良い正統派や王道のベンツとかＢＭＷに負けるわけ。それがわかってるから、だったら高速道路の横にある農道を走る「耕運機」として一番になろう！　みたいなところへ行くのよ。

中村●農道走るの！　なるほどねー（笑）

及川●競争相手が少ないところを選ぶの。

中村●それは恋愛でもそう？

及川●うん。

中村●それでトルコ人か！（笑）

及川●背の高い男が好きでも、モデルみたいな男は私には引っかからないからね。トルコ人はとてもエキゾチックだからさ、それなりの見せびらかしにはなる。そういう意味では恋愛も農道だね（笑）。だからもし車を買うとしても、ベンツじゃないの。マスタングとかジープなのよ、邪道なの。

中村●敢《あ》えて、のね。

及川●そして競争には出ない。

中村●競争を避けるのか～。

及川●だからそれが私の見栄の張り方であり、傷つくことの怖さなんだと思う。ここで競争したって、本質はカローラだから負けるのはわかってる。だったら農道で一番になろう、っていうね。

中村●私なら、そのカローラをとにかくデコるね（笑）。特注の部品付けたらフェラーリに見えないかな、みたいな図々しさでね。

及川●うさぎさんらしい（笑）。私はあまり人とかぶらないものを見つけるかな。王道へ行って、見栄張って無理してベンツを買って「安いベンツだな」とか足元を見られてしまうくらいなら「ウチの耕運機、すごいだろ！」って言いたい。

中村●マウンティング女子とか、ちょっと前に言われてたりしたけど、作詞家の世界もマウンティングとかあるの？

及川●あるんじゃないの？　私、こないだ知り合いの作曲家に「眠子さんさぁ、言いにくいけど、同世代の女の作詞家みんなにきらわれてるよ」って言われたの。

中村●うははは！

及川●「知ってるよ！」って言ったんだけどね（笑）

中村●交流ないの？

及川●別に女性作詞家の女子会とか、音楽関係の人の集まりとか呼ばれないし（笑）。その作曲家が言うには「単なる嫉妬だよ」って言うんだけど、別に彼女たちだってそれなりに仕事してるじゃん、って思うわけ。だからさ、やっぱり私は耕運機なのよ！　みんなで集まって美しいクラシックカーでレースをします、っていうところへドドドドッて耕運機が来てほしくないのよ（笑）

中村●確かにね（笑）

及川●そこに合わせようとも思わないし、「○○さんに書いた詞がすごい好きで～」とか、同業者にそういうこと言われるのきらいなんだよね、私。「おキレイですね」って言われて困るのと一緒。

中村●私は同業者との付き合いはないかなぁ。昔は女性作家の集まりとか何回か行ったことあるけど。

及川●業の深そうな集まりだねぇ。

中村●業は深いよね（笑）。それでもやっぱり気の合う人もいるんだけどさ。そこで気が合った人はいまだに友達だけど、まあ遠くに住んでるし、そんなに会わないし、しょっちゅうやり取りもしてないから、心の中でどうしてるかな、って思うくらいで。だから同業者からどう思われてるかって話も聞かない。

及川●たぶんきらわれてると思うよ（笑）

中村●まあ相手にされてないと思うし、あんまりライバル視されるような感じもないんだろうし。眠子さんは敢えて耕運機で1位になるって言ってたけど、私にはそういう意図はなかったんだけど、書くものがある意味オンリーワンになってしまって、あんまり似た人がいないんだよね。私のネタってあんまりかぶらないからさ（笑）

及川●そうね、他にいないよね。

中村●オンリーワンジャンルになってるから、みんなも扱いに困ってるみたいなところもあるのかもしれない。ポジショニングが決まらないから、いいとか悪いとか以前に「あの人だもん」みたいな。

及川●まあお互いに異端だよね。

中村●そういう意味で、好かれるとかきらわれるっていう以前の話なのかも。あそこに変な花が咲いてるけど、まあいいか、ほっとこう、みたいな。私たちってさ、やっぱり扱いにくいと思うんだよね。

及川●そうね、扱いにくいだろうなとは思う。

中村●扱いにくい人ってきらわれるじゃん。でも相手が扱いにくいって思ってる理由って、自分でわかる？

及川●耕運機だからじゃない？

中村●あー、運転の仕方がわからないからか。自動車なら、どんな車でもだいたい動かし方はわかるしね。

及川●うん。こういうことやったら機嫌よく走ってくれるんじゃないかな、というのは自動車ならできるけど、耕運機だとわからないんじゃない？

中村●確かに耕運機の動かし方、わからないわー。車の免許は持ってるけど。

及川●でも稀にね、ごく稀に私のことを大好きな人が出てくるの。

中村●耕運機大好きな人がね（笑）

及川●そう（笑）。もうなんかわからないけど、初対面なのにものすごい話はずむ、みたいな。

中村●あるよね。でもさ、眠子さんは自分が傷つかないように耕運機になったがために、孤独とか扱いづらいと他人に思われることになったわけだけど、そういうことは全部込みで引き受けてるわけでしょ？

及川●もちろん。それにそっちのほうが楽だもん。別に他の人たちと交わらなくていいし。だったら「他と違うな」と思われてるほうが楽。

中村●無理に交わらなくていい、って大事なことだね！　私もそれはあるかも。

及川●「うさぎさんってあんな人」「眠子さんってこんな人」って相手に決めつけられるほうが楽じゃない？　「そうでーす」って言っときゃいいんだから。

中村●そうだね。わざわざ説明してまで交わらなくていい、と思ってる節はある。

及川●私の業界では「及川眠子は気に入らないことがあるとテーブルひっくり返してイス蹴飛ばして帰る」って言われてるらしいんだけど、一回もそんなことしたことないしね。

中村●言われるよねぇ。どうしてなんか気に入らないことあったら、テーブルひっくり返して暴れ回るとか思われるのかな？　誰か、私たちをきらいな人が言いふらしてるの？（笑）。でもね、私もよく言われるの。インタビューが終わった後に、記者さんから「こんなこと言ったらアレですけど、うさぎさんってもっと怖い人だと思ってました」って。確かにキツイこと言ったりするよ。でも知らない人に会った瞬間「そこへ直れ！」とか、そんなことはしたことない（笑）。普通に挨拶するし、仕事ならしゃべる。

及川●だから普通に話して「ありがとうございます」と言うだけで「気さく」とか言われる。

中村●普通に話してるだけなのにね。

及川●そうなの（笑）

中村●誤解を受けてるよねぇ。怖いとか面倒くさいとか相手が勝手に思い込んでるから、普通でいることが高評価になったりするからね。

及川●まあこれも防御のひとつだよね。悪いイメージをつくってしまうっていう。

中村●それはあるね。そしたら頑張らなくていいもんね。あまりにも前評判が悪すぎて、自然体でいるだけで逆にいい人に見られるっていうね。

及川●愛想笑いとかお世辞を言わなくていいんだから、楽だよね、そのほうが。

中村●でもさ、きらわれることを恐れないで生きろっていっても、私や眠子さんだって昔から人にきらわれるのが平気なわけじゃなかったわけだよね。

及川●そうそう、年取るごとに自分で「受け身」を覚えてきただけ。

中村●その受け身のひとつが自虐であったり、人と交わらないジャンルで耕運機になることだったり、気難しい人とか怖い人とか、悪いイメージを勝手につくり上げられたほうが居心地がいいとかってことなんだよね。

及川●インスタ映えするものじゃないものを載せてしまう、っていうのも受け身のひとつだしね（笑）

中村●そうそう、そうやって生きていくのが、ひとつの処世術だよね。インスタ映えしない自分って、強いからさ。

おわりに

小説よりもエッセイよりも脚本よりも散文詩よりも、「詞」を書きたかった私は、ものを書く以上に音楽が好きで、だけど書くという手段しか持っていなくて、結果作詞家になった。

本音を言えば、文章を書くのは苦手だ。相変わらず下手だし、長いこと机の前で座っていると持病の腰痛もひどくなる一方だし。

でもツイッターだけは好き。

なぜかというと、１４０文字という制限された範囲の中でどれだけのことを書けるか、何を伝えられるか、その作業は作詞に近いから。好きなことを好きなだけ書いてもいいよと言われるより、何らかの縛りがあるほうが、私にとっては楽しいのだ。

まめに更新しているわけではない。思いついたことや感じたことを気の向いたときに記し、時にはメモ代わりにも利用させてもらっている。新刊が発売されたり、自分が関わった歌い手のリリースやイベント情報なども時には。まぁ一種の「生存証明」みたいなもんだ。

そんな私のツイッターを面白いと言ってフォローしてくれている人たちがいる。

ＫＫベストセラーズの編集者である鈴木康成さんもそのひとりで、今回の本は、彼の「及川さんのツイッターに書かれているようなメッセージをもっといろんな人に発信できないか」という提案から始まった。

私は２０１０年７月にツイッターを始め、ちょこちょこつまらないことを呟いていたものの、その後は放置。しかしある出来事をきっかけに、14年秋頃にまた再開した。

１４０文字の制限ある中で収めるとなると、どうしても説明不足になりがちである。言葉の端っこだけを抜き出して批判したり、とんちんかんな返事をくれる人たちもたくさんいる。私はそれも含めて楽しいと思っているのだけど、もっと丁寧にわかりやすく伝えようということで、メインテーマを「人にきらわれる」ということに絞った。

人にきらわれないためにはどうすればいいか、ということより、人にきらわれたってべつにいいじゃん。私が伝えたいのはそちらのほうだ。

この本の企画を提案してくれた鈴木さんに加え、約４年間のツイッターをすべて書き出してくれたＫＫベストセラーズの織江賢治さんと、さらにそれらをもとに私が語り下ろしたものをまとめてくれたライターの成田全さん。また、美しい装丁を手掛けてくれたデザイナーの守先正さん。成田さんと守先さんは、前作『ネコの手も貸したい~及川眠子流作詞術』からのお付き合いだ。そして、イラストは『破婚』『ネコイズム』『ネコ手』と、もう完全に「チーム及川」の一員にさせてしまった北沢夕芸さんに今回もお願いした。

すべてのスタッフと、そして快く対談を引き受けてくれた中村うさぎさん、帯の推薦文を書いてくれたジェーン・スーさんに、ありがとうございました。

きらわれても構わないし、好かれればまぁ嬉しい。私が私を愛せる限り、私がいま歩いているこの道は、決して間違いではないと思うから。

あなたも、たとえ誰かにきらわれていたとしても、世界でたったひとりのあなたを愛してあげてください。

及川眠子

及川眠子（おいかわ・ねこ）

作詞家。1960年2月10日生まれ。和歌山県出身。85年、三菱ミニカ・マスコットソング・コンテスト最優秀賞作品、和田加奈子『パッシング・スルー』でデビュー。Wink『愛が止まらない –Turn It Into Love–』『淋しい熱帯魚』（第31回日本レコード大賞受賞）、やしきたかじん『東京』、『新世紀エヴァンゲリオン』主題歌・高橋洋子『残酷な天使のテーゼ』（2011年JASRAC賞金賞受賞）『魂のルフラン』、CoCo『はんぶん不思議』等ヒット曲多数。著書に『破婚～18歳年下のトルコ人亭主と過ごした13年間』（新潮社）、『夢の印税生活者～作詞家になって年収を200倍にする!!』（講談社）、『ネコの手も貸したい～及川眠子流作詞術』（リットーミュージック）などがある。数々の歌い手に詞を提供するとともに、映画やミュージカルの作詞や訳詞、舞台の構成、CMソング、アーティストのプロデュース、エッセイやコラム等の執筆、講演活動なども行っている。

誰《だれ》かが私《わたし》をきらいでも

2019年1月25日　初版第一刷発行

著　者：及川眠子《おいかわねこ》
発行者：塚原浩和
発行所：KKベストセラーズ
〒171-0021
東京都豊島区西池袋5-26-19
陸王西池袋ビル4階
電話 03-5926-5322（営業）
03-5926-6262（編集）

装　画：北沢夕芸
装　丁：守先 正
構　成：成田 全
印刷所：錦明印刷
製本所：積信堂
DTP：オノ・エーワン

定価はカバーに表示してあります。
乱丁・落丁本がございましたらお取り替えいたします。
本書の内容の一部あるいは全部を無断で複製複写（コピー）することは、
法律で認められた場合を除き、
著作権および出版権の侵害になりますので、
その場合はあらかじめ小社あてに許諾を求めて下さい。

©Oikawa Neko, Printed in Japan, 2019
ISBN978-4-584-13898-4 C0095